社会がよくわかる

みのまわりの[illegible]金のこと

監修
泉 美智子

高橋書店

はじめに

みなさんは、はじめてのおこづかいで、なにをしましたか？モノを買う、映画を観る、困った人を助けるなど、お金の使い道は数え切れないほどたくさんあります。銀行にお金を預けている人もいるかもしれません。

昔とくらべると、お金の流れはすっかり変わりました。

みなさんは、デジタル社会に生まれ育ってきて、現金を使わないキャッシュレスにもなじんでいると思います。お金とモノ・サービスの「交換」を目にすることは、ずいぶん少なくなりました。

でも、クレジットカード、ネットショッピング、株式の売買など、もっと視野を広げると、お金とモノ・サービスの交換は、世界中のいろいろなところでおこなわれています。

そして、そこには、さまざまな落とし穴がひそんでいます。

「かしこい支出」をするためには、経済のしくみをきちんと学ぶことがかかせません。

この本は、マンガやイラストで楽しみながら、人生とお金の関係を「そういうことだったのか」と理解することができます。

上手なお金とのつきあい方が身につくことまちがいなしです。

泉　美智子

もくじ

第3章 社会のこと

第4章 仕事のこと

第5章 上手なお金の使い方

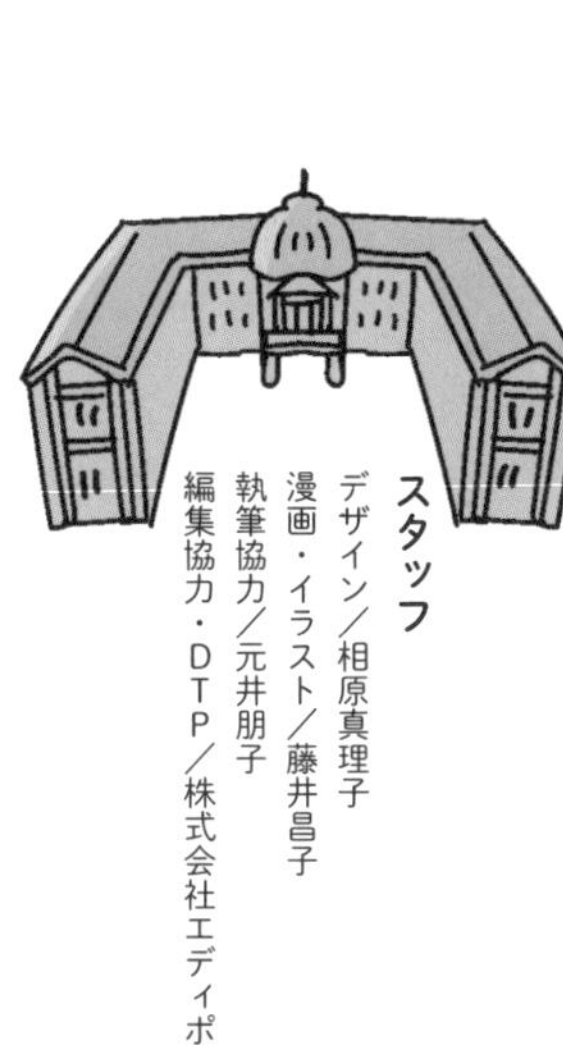

スタッフ
デザイン／相原真理子
漫画・イラスト／藤井昌子
執筆協力／元井朋子
編集協力・DTP／株式会社エディポック

この本に出てくるお友だちとその家族

ゆうたくん

元気で人のいうことを信じやすい。おっちょこちょいでお金の管理が苦手。

このみちゃん

明るくてしっかり者。やりくり下手の家族に毎日ツッコミを入れている。

かねおくん

まじめで物知り。お金の管理が好きだが、こだわりが強く思いこみが激しい。

ちょ犬

お金にくわしいなぞのキャラクター。お金にまつわる補足情報を教えてくれる。

マリちゃん

外国でくらしていた同級生。海外のお金事情にくわしく、将来は海外で働くのが夢。

ゆうたくんファミリー

株や投資にも興味のある両親。円高や円安、銀行のしくみなど、難しいお金のことをわかりやすく教えてくれる。勉強不足をくやんでいるいとこのお兄さんも。

このみちゃんファミリー

会社員の父とフリーランスの母と幼い妹。ムダづかいをすることもあるが、マイホームを購入したりとがんばってお金をやりくりしている。

かねおくんファミリー

いつもエレガントな父と母。かねおくんの激しい思いこみにもエレガントにツッコミを入れる。たまにおこづかいをくれるやさしいおじいさんも。

もしもお金がなかったら……？

本当にお金がなかったらどうなっちゃうと思うワン？
しゃべる犬ー!?
どーも貯金大好きちょ犬です
お金の大切さを広めにきたワン
ちょっと想像してみるワン
お給料
今月のお給料は米だよ
えーー！またお米ー!?
野菜を持っているだれかと交換しないと
お肉もほしいよ
おかしも交換してきてね
髪切りに行ってきま～す
お米10キロでやってくれるというけど……
支払い
米
米
お…おもっ！

お年玉
今年のお年玉はみかんだよ
ありがとう…
ゲームがほしかったな……
その他も…
だれか早く魚とお米交換して～！くさる！
えーここ米払いやってないの？
世の中が大混乱に……
ほしいものがうまく手にはいらない……
交換するにも荷物が重いし
ナマモノはすぐくさるし！
どうだい？お金って大事ワン？
たしかに……
お金って大切なんだ
お金は生きるためになくてはならない大事なもの！
きちんと学べばとっても便利！
世の中のお金のこと、もっと学んでいくワンよ
オー!!
お金について
GO～!!

第1章

お金のこと

お金ってなに？

今月も金欠だ～！
はやくおこづかいの日にならないかな～！

はい、今月のおこづかい大事に使うのよ
やったー!!
は～い！
本屋
ドドドド
うわ～いほしかったマンガ買おう！
マンガ

おかしの買い食い
うま～い
ジュース
ガブガブ
ガチャガチャ
ほしいのでないな～

今月も
金欠だ〜！
はやく
おこづかいの日に
ならないかな〜！

……あれ？
前にも
同じセリフを
いった気が!?
毎月毎月
同じことを
いってるワン
イエス！
なにに使ったか
記憶が
ないんだよー！
たすけてー
そんな君は
まずお金のことを
学ぶワン！
ユサ
ユサ

この1枚のお金だって
いろいろな
歴史や技術によって
作られてきたんだワン
へ〜！
そう思うと
大事に
使えそう！
すごい！
500

お金の歴史

いつからお金はあるの？

お金のはじまりは3600年前 最初は「貝がら」だった⁉

みんながいつも使っている「お金」はいつからあるのでしょうか？

ずっと昔、お金ができる前までは、自分が持っているものと相手のものを交換する「物々交換」をしていました。でも、これだと、おたがい交換したいものが合わなかったり、くさってしまったり、多くの問題がありました。

そこで、紀元前16世紀ごろ、自分の持ち物を保存のできる「貝がら・米・石」に交換することを思いつきました。それをほしいものと交換すればいいのです。

これがお金のはじまりです。

［ 3つのお金の役割 ］

お札にのっている人はだれ？

まねされないようにみんながよく知っている人がのるよ

お札に人の顔がのっているのはなぜでしょうか。正解は、「ニセ札防止のため」です。私たちの脳は、人の顔を見分けることが得意なので、ニセ札の少しのちがいに気づくことができるのです。

お札に使われるのは、国に貢献した人や文化人で、まだ写真が残っている人です。昔はヒゲやシワも条件のひとつでしたが、今では技術が向上して、女性もえがかれるようになりました。

国立印刷局というところでは、お札のもとになる絵をえがいている「工芸官」といわれる人が働いています。

［これまでにお札にのった人物］

ヒゲが特徴！

伊藤博文
日本最初の総理大臣

板垣退助
国民の自由をうったえた

日本ではじめてお札にえがかれた!

神功皇后
第14代天皇の皇后

7回もお札になった！

聖徳太子
日本初の憲法を作った

メガネをかけているのは2人だけ！

新渡戸稲造
国際連盟で働いて世界で活躍した

高橋是清
日本銀行の7代目トップ

硬貨のヒミツ

1円玉がいちばん高い⁉

1円玉がいちばん高い⁉

ねぇ
お財布
パンパンだね
うわ、
1円玉
いっぱい
気づかれましたか

1円玉とは
もっとも
製造コストが高く、
数の少ない硬貨
高価な
硬貨
平成18年
つまり、
もっとも貴重な
硬貨といえる！

お会計
121円です
レジ
えぇっと、
1円玉を多く
入手するには
130円出して……

あ、できればおつりに
5円玉は使わないで
いただきたい
レジ
ドン引き…
そこまで
やるー⁉

1円玉を作るのに3円かかる？

お金には、そのお金が持っている価値より、作るのにかかるお金の方が高いものがあります。

1円玉を作るためには、材料費のほかに、機械や工場を動かすお金、働く人のお給料などがかかります。それらを合わせると、なんと1枚3円かかるといわれているのです。

また、硬貨にはほかにもたくさんのヒミツがあります。100円玉を見てみましょう。表の花は「桜」です。硬貨には、みんながよく知っている植物や建物などがえがかれています。

硬貨のヒミツ

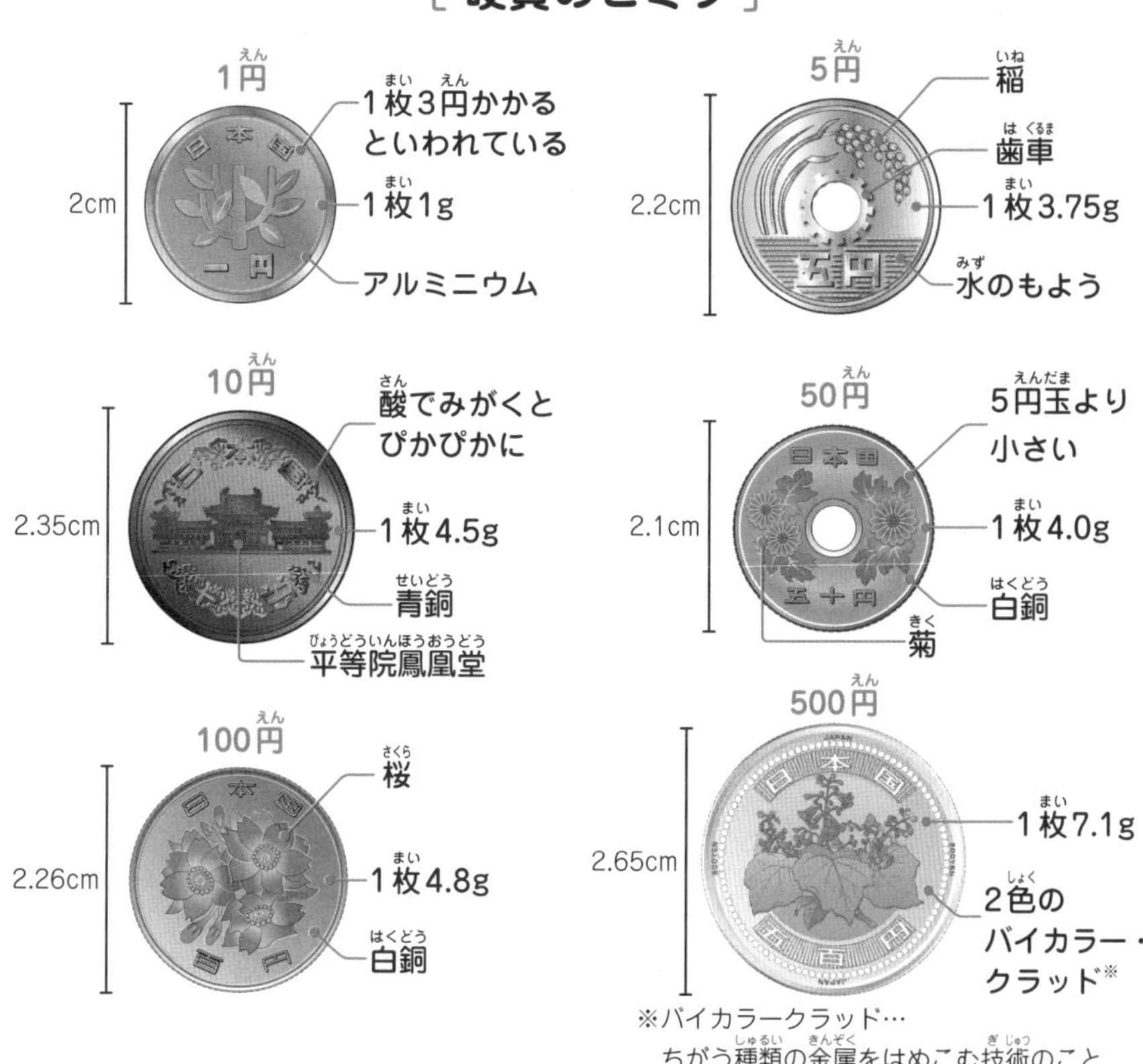

※バイカラークラッド…ちがう種類の金属をはめこむ技術のこと

お金の発行場所

お金はどこで作っているの？

同じお金でも、お札と硬貨では作られている場所がちがう!?

ふだん使っているお金は、いったいどこで作られているのでしょうか。じつは、硬貨とお札では、作る枚数を決めるところも、作る場所もちがうのです。

硬貨は、「日本国」が作る枚数を決めて、「造幣局」というところが作ります。お札は、「日本銀行」が作る枚数を決めて、「国立印刷局」が作ります。お金をよく見ると、硬貨には「日本国」という文字が、お札には「日本銀行券」という文字が入っているはずです。

作る枚数は毎年決められていて、だれでも作れるわけではないのです。

[お金を作っているところ]

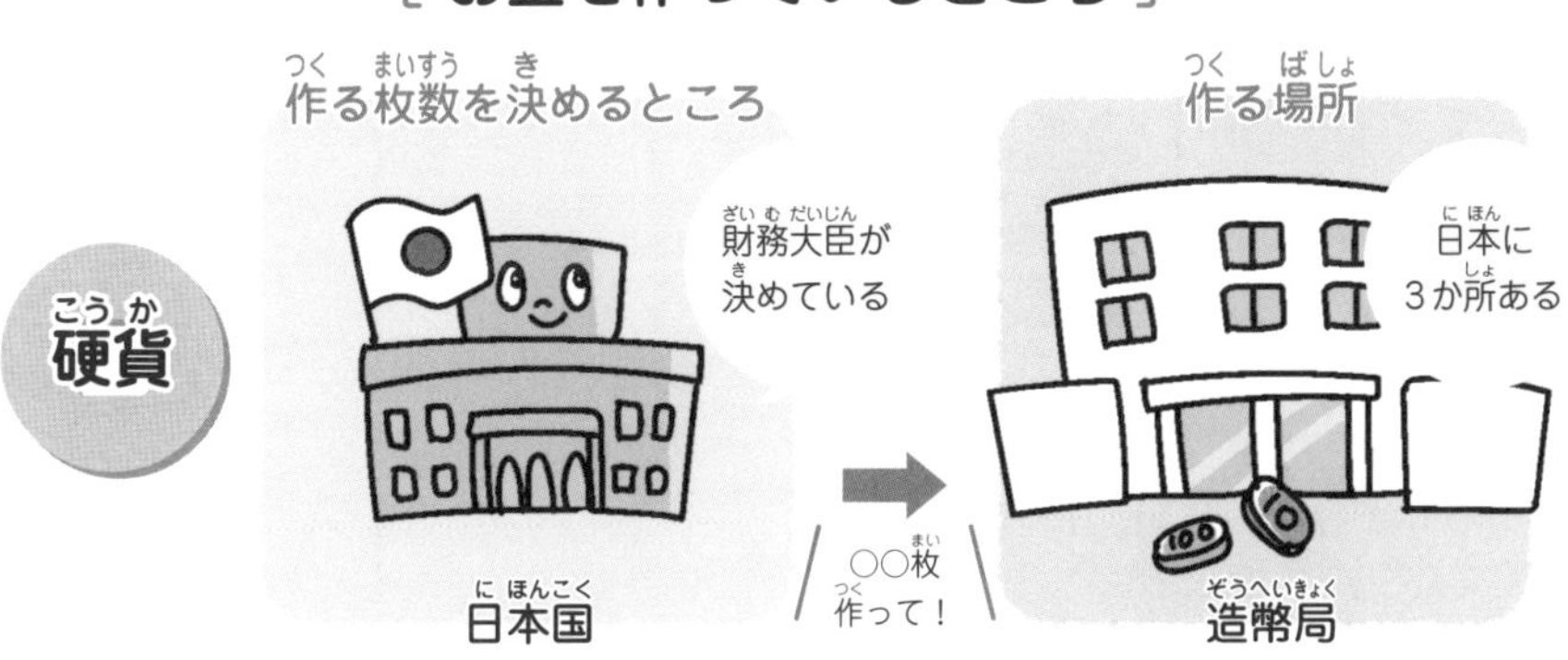

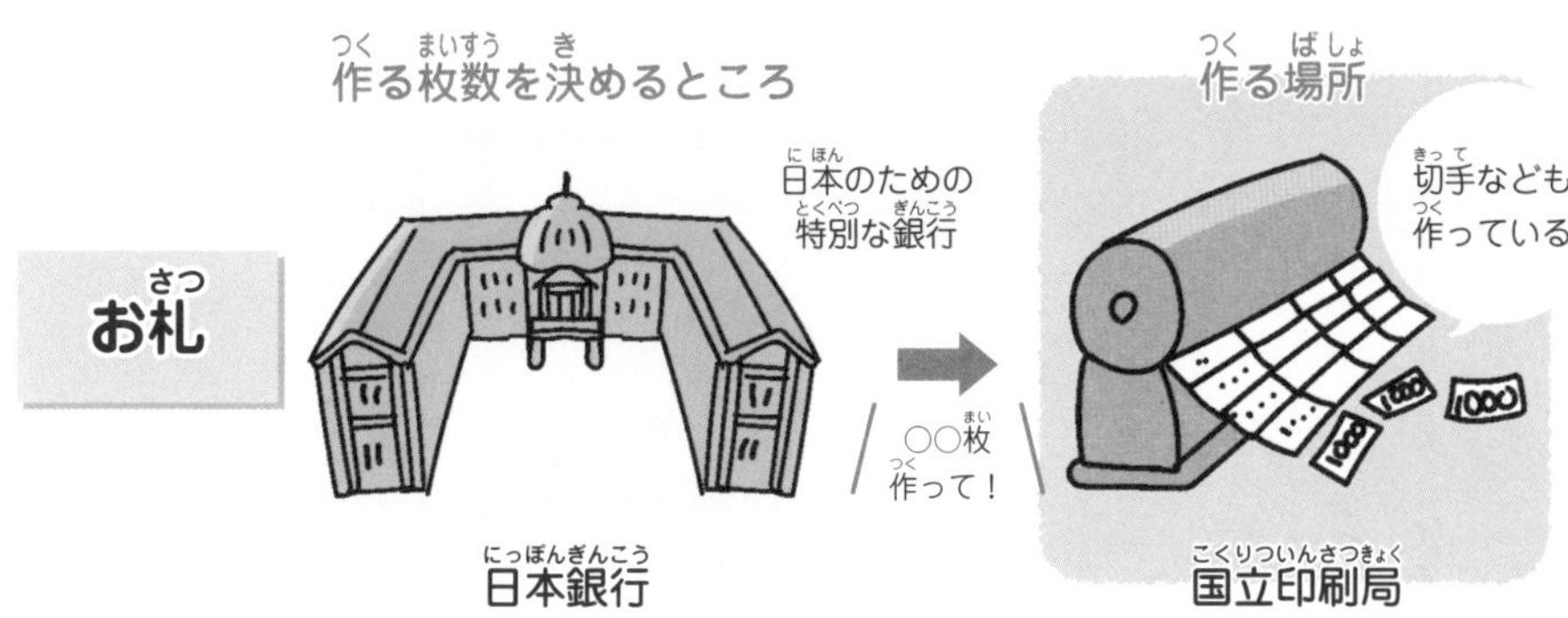

お金のルール

お金を増やしたいからコピーしようかな？

ニセ札作りは重い罪 コピーは絶対にダメ！

「ニセ札作り」は必ず刑務所に入れられる重い罪。コピーするだけでも犯罪になります。では、なぜそんなに厳しいのでしょうか。

1万円札がお金として使えるのは、「この紙には1万円の価値がある」とみんなが信用しているからです。もしニセ札がたくさん作られると、お金に対する信用がなくなり、ただの紙と変わらなくなってしまいます。

日本のニセ札防止技術は世界でもトップクラス。お札には正しくコピーできないたくさんのしかけがあります。

［コピーできないお札のしかけ（1万円札）］

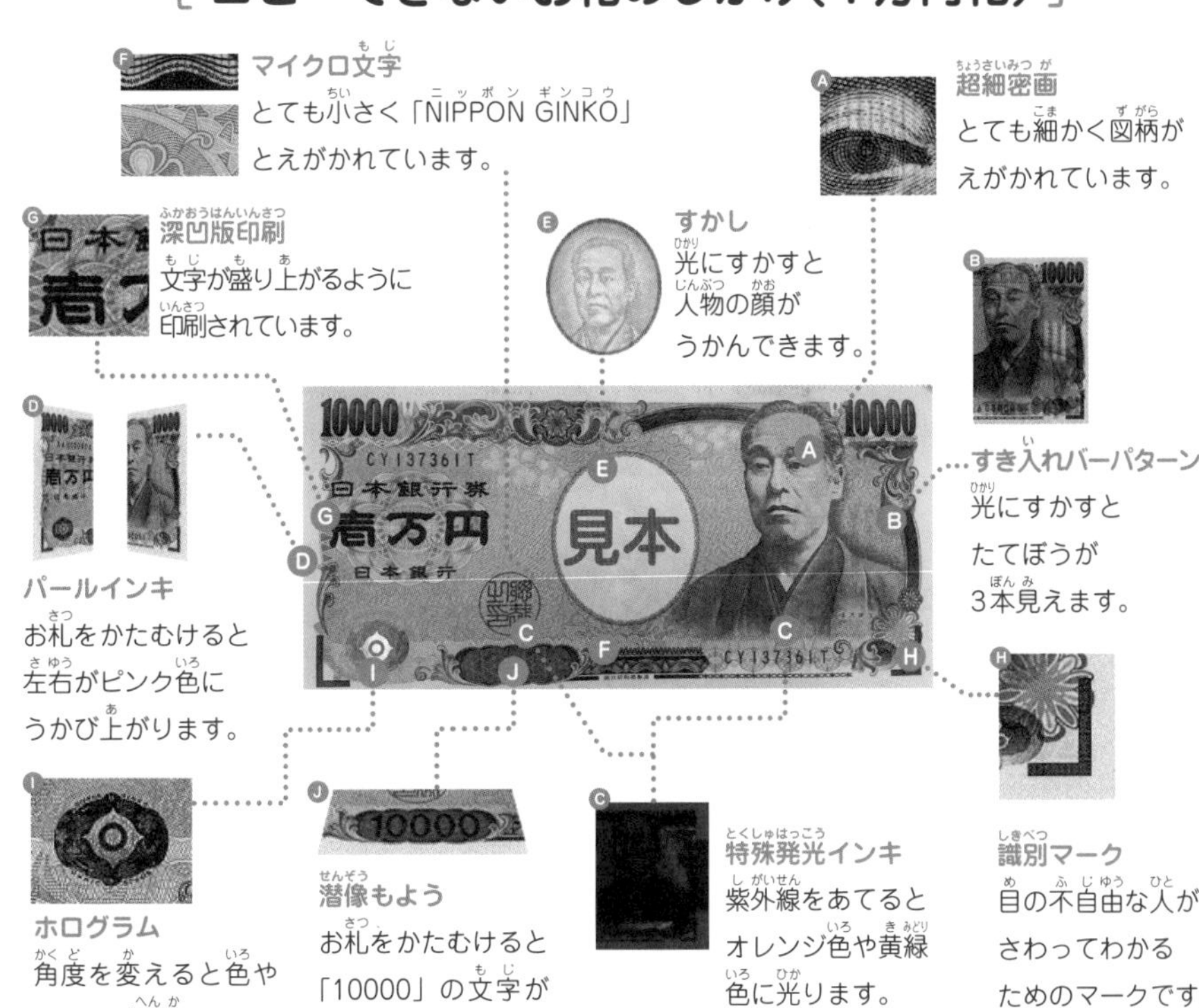

海外と日本のお金

日本のお金は海外で使えないの？

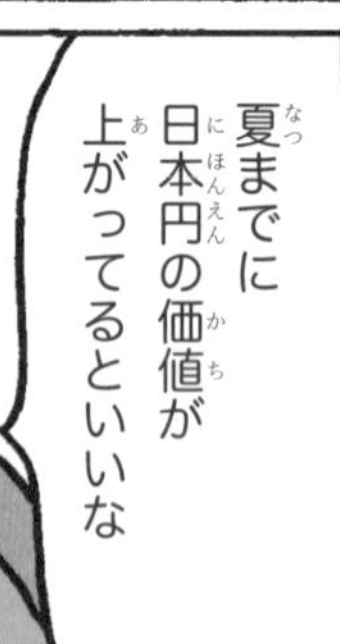

国によってお金の価値がちがう！両替してから使おう！

日本は「円」、アメリカは「ドル」、中国は「人民元」など、お金の単位は国によってちがいます。日本のお金を海外に持っていっても使えません。

海外でお金を使うためには、その国のお金と交換、つまり「両替」をする必要があります。でも、日本の「円」をアメリカの「ドル」に両替するとき、1円がそのまま1ドルになるわけではありません。1ドルが140円になったり、130円になったり、外国のお金と交換するときの数字は毎日変化しています。（92ページ「円高・円安」）

コラム

もし世界中の人が同じお金を使ったら……？

もし、世界中の人が同じお金を使うようになったら、両替する必要がなくなり、もっとたくさんの人が世界中を旅行するようになるでしょう。人やモノの交流がさかんになって、まるで世界がひとつの国のようになるかもしれません。でも、どこかの国で災害や戦争が起こったら、その国だけでなく、世界中で混乱が広がってしまいます。ちがうお金を使っていれば、国内で独自の対策をとることができるので、ほかの国に混乱が広がることを防げるかもしれません。世界中で同じお金を使うと、さまざまな問題が起こるといわれています。

世界のお金

日本の「円」をはじめとして、
世界には約180種類の通貨があるといわれています。

アメリカ

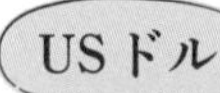

USドルは世界でいちばん流通しているお金です。オーストラリアドルなどとは、種類がちがいます。

ヨーロッパ(EU)

EUに参加しているさまざまな国が、共通して使っているお金です。人物がえがかれないのが特徴です。

イギリス

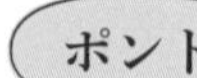

重さを表す「ポンド」が由来になっています。新しい国王になり、デザインが変わります。

中国

少数民族が多い中国ではお札に中国語だけでなく、モンゴル語やチベット語などの表記があります。

韓国

学者や昔の国王の顔がえがかれています。カラフルなお札にはニセ札防止の効果もあるそうです。

タイ

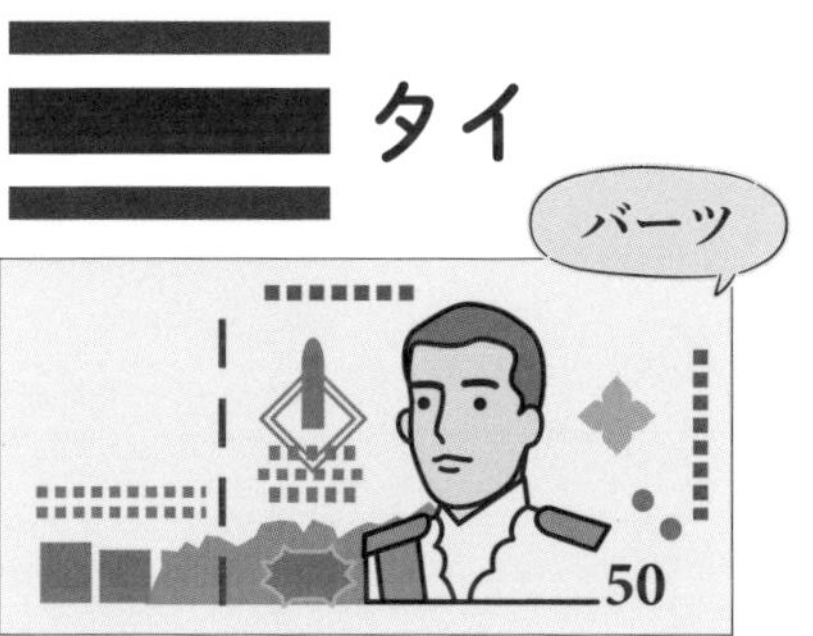

前の国王が印刷された古いお札と、今の国王の新しいお札、あわせて13種類のお札が出回っています。

インド

インドをイギリスから独立させた「独立の父」といわれるガンジーが、すべてのお札に印刷されています。

メキシコ

メキシコの美しい自然と生き物がえがかれていて、世界一すぐれたデザインとして表賞されました。

スイス

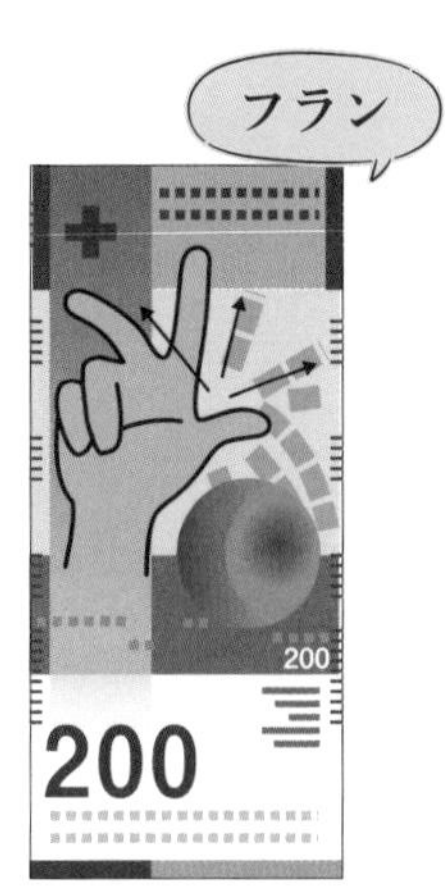

スイスは絶対に戦争に関係しないと宣言しているので、国際的に信頼の高いお金といわれています。

やってみよう1

おこづかい帳をつけてみよう

使いたいときにお金がたりなくならないように、**入ってくるお金**、**使ったお金**、**残ったお金**をこまめに記録することはとても大切です。自分のほしいものや今後使う予定を書いておいて、そのために使い残す習慣をつけましょう。

おこづかい帳の使い方

ステップ1 どれくらいためたいか、なにを買いたいか考えよう！

ほしいものを買うためにいくら貯金するか計画を立てよう

ステップ2 使ったお金はすぐに記録しよう！

忘れないうちに早めに記録することが大事！

ステップ3 どれくらい使ったかふりかえろう！

ただ記録するだけでなく、「今月は使いすぎてしまったから来月は少しがまんしよう」など、次どうするかまで考えられればカンペキ！

おこづかい帳の書き方

今後使う予定を書いて、そのためにいくら残せばいいか考えよう

4月

4月になる前に持っていたお金を書こう

ほしいもの

ゲームソフト　2000円
トレカ　500円

今あるお金

300円

日付	入ったお金	使ったお金	残ったお金
4/1	おこづかい　500		
4/5		おかし　11	789
⋮	⋮	⋮	⋮

入ったお金を書こう

使ったお金を書こう

今あるお金と入ったお金から使ったお金を引こう

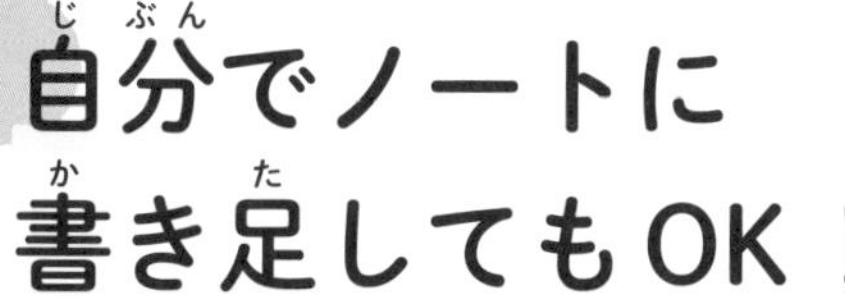

自分でノートに書き足してもOK！

1か月が終わったら家の人に見せてみよう！

ほしいもの

今(いま)あるお金(かね)

円(えん)

日付(ひづけ)	入(はい)ったお金(かね)	使(つか)ったお金(かね)	残(のこ)ったお金(かね)
合計(ごうけい)			

第2章

生活のこと

身近なお金のことを知りたい！

ここのスーパーはお肉が安いから、まとめて買って小分けにして冷凍してるの
ちなみにおかしは○○ドラッグストアが安いですよ
ここはカードで支払うとポイントがついてお得なのよね
計画的にためたお金でまた旅行するのですよ
ね
ちゃんとお金ためて旅行してるんだね
お店やいろいろな買い方を知って使い分けることも大事だね
買い物上手になりたいね！
ワン―！

キャッシュレスについて
キャッシュレスってなに？

おねえちゃん
おみせやさんねー
あーしょーぼっ
はいはい
じゃあ
おねえちゃん
食べ物屋さんね

こんやは
ばーべきゅー
するんでちゅ
この
ぶたにくと
ぎゅうにく
くだちゃい
!?

お会計
5000円です

キャッシュレスで
ス…
!?
スタンプ
カード

キャッシュレスとは現金を使わない買い物のこと!

家の人が、お札や硬貨を持たずに買い物をしているところを見たことはありませんか?

このように、買い物をするときに現金を使わないことを「キャッシュレス」といいます。キャッシュレスは英語で、「キャッシュ(お金)・レス(ない)」という意味です。

キャッシュレスには、「現金を持たなくていい」「ワンタッチで買える」などのよいところがありますが、「つい使いすぎてしまう」「個人情報がぬすまれるかもしれない」という心配もあります。

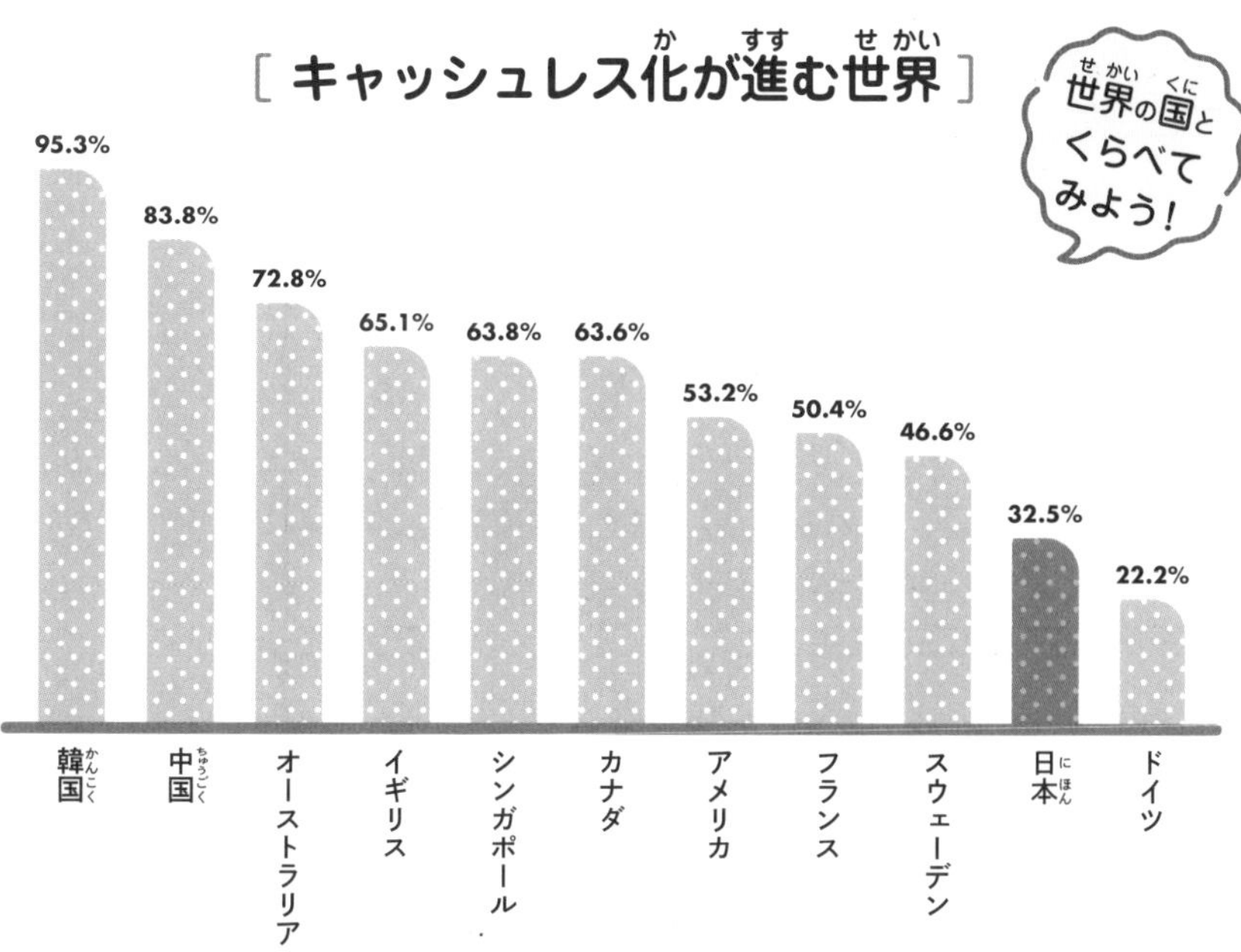

支払いをするときにキャッシュレスを使う割合のグラフです。世界の国とくらべると、日本はキャッシュレスを使っている人が少ないことがわかります。一方で、韓国ではほぼすべての支払いがキャッシュレスです。

出典:"世界主要国におけるキャッシュレス決済比率(2021年)"
キャッシュレス推進協議会「キャッシュレス・ロードマップ2023」

キャッシュレスの種類
キャッシュレスにはどんな種類があるの？

家に現金を置いてきちゃった
うっかり
お金持ってきてないの？家に取りに帰らないと！
だいじょうぶだよキャッシュレスでなんとかなるさ

ICカードでバスにも乗れるよ
ブロロ
お支払いはいかがなさいますか？
クレジットカードで
へー

でもさすがに自動販売機は硬貨がないと……
ピ
ガシャン
スマートフォンの電子マネーでだいじょうぶ

すごい！もっと見たいな～
これも買って！
ぶどう
お金払っているのと同じだからね

キャッシュレスは大きく分けて3種類！

代表的なキャッシュレス決済は、クレジットカード・デビットカード・電子マネーの3種類です。支払いのタイミングがちがいます。

クレジットカードは、買い物のときはカード会社が代わりに支払い、あとからまとめて銀行口座からお金が引き落とされる、「あと払い」です。

デビットカードは、買い物と同時に銀行口座からお金が引き落とされる「即時払い」。

電子マネーは、先にお金をチャージしておき、その分を使う「前払い」です。

［キャッシュレス決済の種類］

クレジットカード

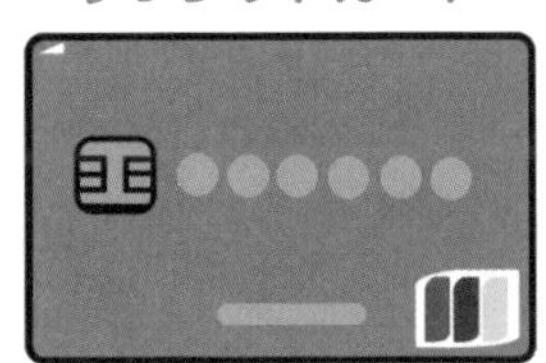

買い物したあとでお金を払うので、お金を借りているのと同じです。引き落とし日までに銀行口座にお金を入れます。

デビットカード

買い物と同時に銀行口座からお金が引き落とされます。そのときに銀行口座にお金がないと使えません。

電子マネー

かざすだけで電車やバスに乗れるICカードは、何度もチャージして使えます。図書カードやQUOカードのように使い切りのカードもあります。

電子マネーのしくみ

電子マネーってなんのこと？

電子マネーとはお金をデータにしたもの

電子マネーとは、「お金をデータにしたもの」のことです。ICチップがうめこまれているカードを機械にかざすだけで簡単に支払うことができます。カードやスマートフォンのアプリにあらかじめお金を入れておくタイプが多く、そのお金データを使って買い物します。

あらかじめお金を入れておくタイプは、前もって入れたお金の分しか使えないので、使いすぎることがありません。ワンタッチで電車に乗れるICカードや、コンビニなどで使えるQUOカードも電子マネーのひとつです。

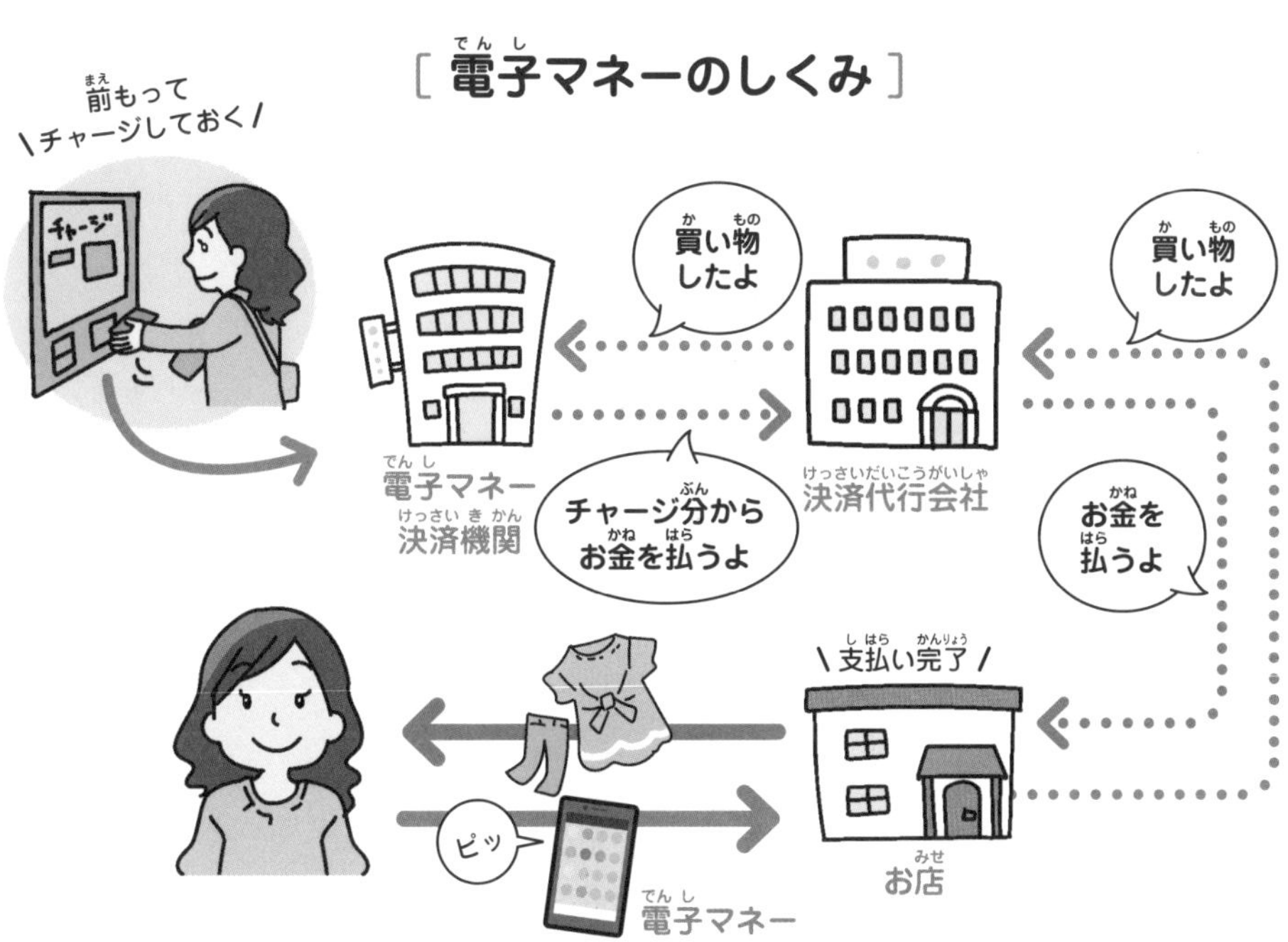

ICカードやスマートフォンを機械にかざして支払いができるのは、お店が電子マネー決済機関という電子マネーの会社に買い物データを送っているからです。前もってチャージした分より多くのお金を使うことはできません。

クレジットカードのしくみ

クレジットカードは魔法のカード？

「あとで必ず払う」という約束のカード

クレジットカードは「あと払い」です。その場はお店で買い物をしたときには、クレジットカード会社が代わりにお金を支払います。お金がなくても買い物ができるなんて、まるで「魔法のカード」のようですね。でも、いくらでも使っていいわけではありません。

クレジットは「信用」という意味です。利用者を信用して、クレジットカード会社が代わりに支払います。でも、あとでまとめて引き落とされるときに銀行口座にお金がないと、「信用」がなくなり、カードが使えなくなってしまいます。

[クレジットカードのしくみ]

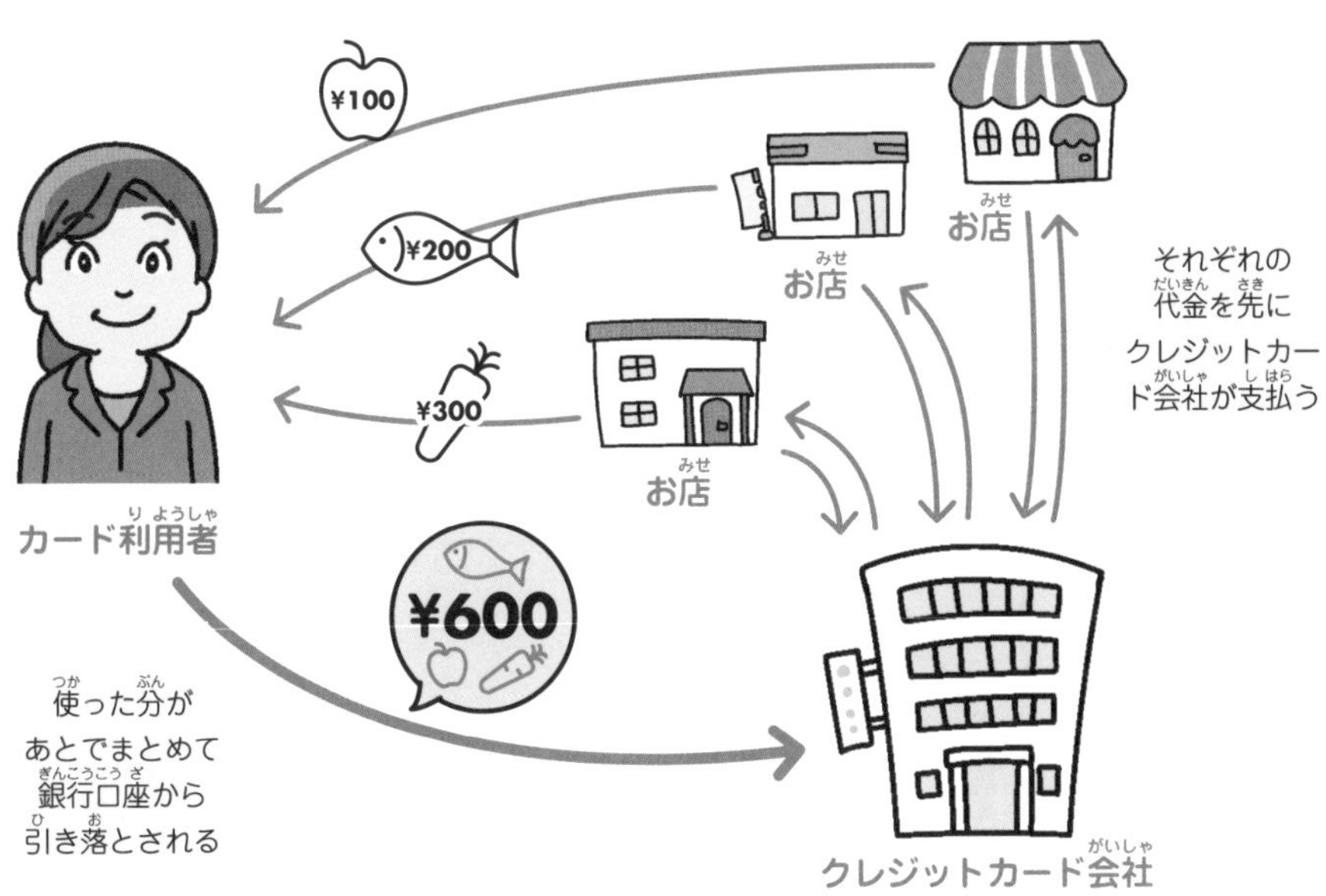

クレジットカードで買い物をするときは、すぐにお金は使われず、1か月で使った分の金額がまとめて引き落とされます。銀行口座にお金がなくても買い物はできますが、あとから引き落とされる日に口座にお金がないといけません。

今のおうちは「ローン」で買ったらしい

高い買い物には少しずつお金を返す「ローン」が使われるよ

家や車などの高いものを買うとき、銀行などからお金を借りて、あとから少しずつ返していくことを「ローン」といいます。高い家や車を買うお金をためるには、長い時間がかかり、すぐに買うことができません。そこで、ローンのしくみが生まれました。

でも、だれでもローンを組めるわけではありません。銀行はお金を貸す前に、きちんと返してくれる人かどうかをチェックします。銀行にお金を返すときは「利子」をつけ、その利子分が銀行の「もうけ」になるのです。

［ ローンのしくみ ］

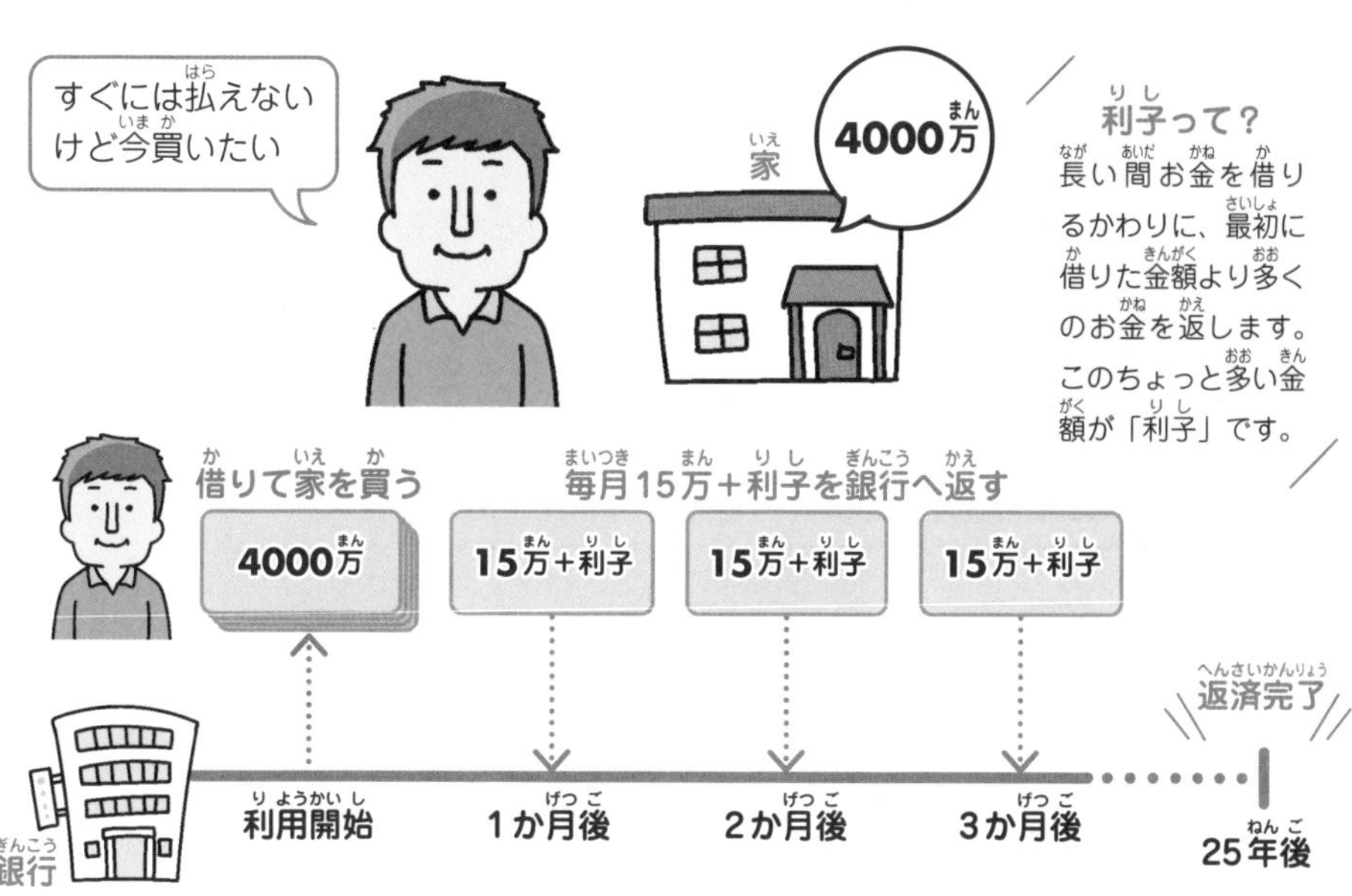

すぐに買えない高いものは、ローンを使って買うことがあります。大金を借りてすぐに買うことができますが、長い期間返し続けなければならないので大変です。また、利子がつく分、借りた金額より多くのお金を返さなければいけません。

ネットで買い物

家にいても買い物ができる？

家にいてもモノを買えるネットショッピング

40年くらい前までは、ほとんどのものをお店に行って買っていました。でも今は、家にいても簡単に買い物ができる時代です。「ネットショッピング」とは、インターネットで商品を注文し、クレジットカードなどを使ってお金を支払う買い物のことです。家まで商品が送られてくるので、とても便利です。

でも、直接見て選ぶことができないので、「イメージとちがった！」なんてトラブルがおきてしまうこともあります。ネットショッピングのいいところをうまく使えるといいですね。

[ネットショッピングのポイント]

POINT 1 知らないサイトや信用できないサイトでは買わない

POINT 2 なにかあったときのために問い合わせ先を確認しておく

POINT 3 買う前に返品の条件や送料などの情報を確かめる

POINT 4 値段や色、大きさ、素材をよく確認してから買う

POINT 5 ほかのサイトとくらべてみる

スパチャのしくみ

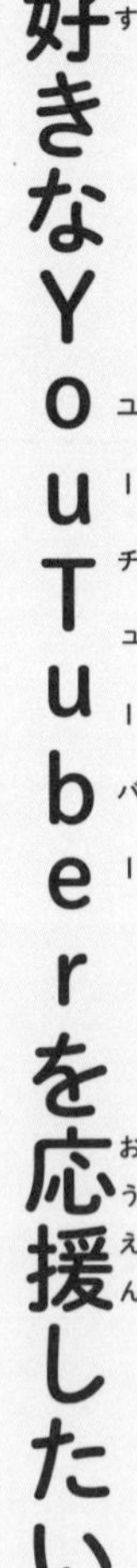
好きなYouTuberを応援したい

ぼくも好きなYouTuberにスパチャしたい
スパチャってなに？

応援したいYouTuberにコメントやお金を送る「スーパーチャット」のことだよ
Aさん応援してます！
Aさんいつも見てる！
路上ミュージシャンに投げ銭するようなものかしら
まぁそうだね

応援したい神社におさいせん入れるようなものじゃな
おばあちゃん!?
まぁそうだね

大人になってから自分のお金でね
むしろ応援される側になれば？

好きな動画配信者を応援する「投げ銭機能」

ライブ動画を見ていると、カラフルな色のコメントやアイコンが出てくることがありますね。YouTubeにはスーパーチャット、略してスパチャという、応援したい人にコメントやお金を送るしくみがあります。路上でパフォーマンスする人への投げ銭と同じなので、「ネット投げ銭」ともよばれています。

ボタンを押すだけで送れますが、登録してあるクレジットカードから引き落とされたり、スマホ代としてあとから請求されたりするので、むやみに送るのはやめましょう。

[スパチャのお金の流れ]

みんなのおこづかいは、家の人がみんなのために使ってほしくて渡しているもの。
家の人とルールを確認して本当にそのお金を使ってもいいのかよく考えよう。

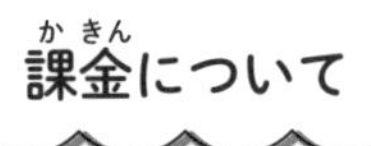

ゲームでガチャを回したいけど……

お金を使わせるしかけがたくさんあるスマホゲーム

スマホゲーム中に「もっとガチャを回したい……」と思ったことはありませんか？

スマホゲームは無料で始められるものも多いですが、課金すると会社がもうかるようになっています。だから、ゲームの中には、お金を払ってもらうためのしかけがたくさんあるのです。ガチャもそのうちのひとつです。

課金をするとゲームがより楽しくなるので、どんどんお金を使ってしまいがちです。家の人とルールを確認し、簡単にお金を使わないようにしましょう。

［お金を使いたくなるゲームのしかけ］

「キャラが強くなる」「今しかないアイテムが出る」など、「ガチャを回したい」「課金したい」という気持ちにさせるしかけがゲーム内にはたくさんあります。1回のガチャの金額が少なく「これなら払える」と感じさせるのも、しかけのひとつ。大切なお金をかける価値が本当にあるのか、よく考えましょう。

サービスってなに？

「モノ」じゃなくてもお金はかかる？

目には見えない「サービス」にもお金がかかるよ

私たちは、形のあるものだけを買っているわけではありません。たとえば旅行すると、新幹線やホテルにお金を払いますね。これは「電車で移動する」「部屋を使う」というサービスに対してお金を払っているのです。また、ジェットコースターに乗るという「体験」や、塾で勉強を教えてもらう「教育」もサービスのひとつです。

形のないものにお金を使うのはふしぎな気持ちがしますが、このお金は、サービスを使うために働く人のお給料や、設備を整えるために使われます。

［ さまざまなサービスの種類 ］

施設や設備を利用する

- 電車やバスに乗る
- 博物館や動物園に行く
- ホテルにとまる

モノを利用する

- スマートフォンを使う
- インターネットを使う

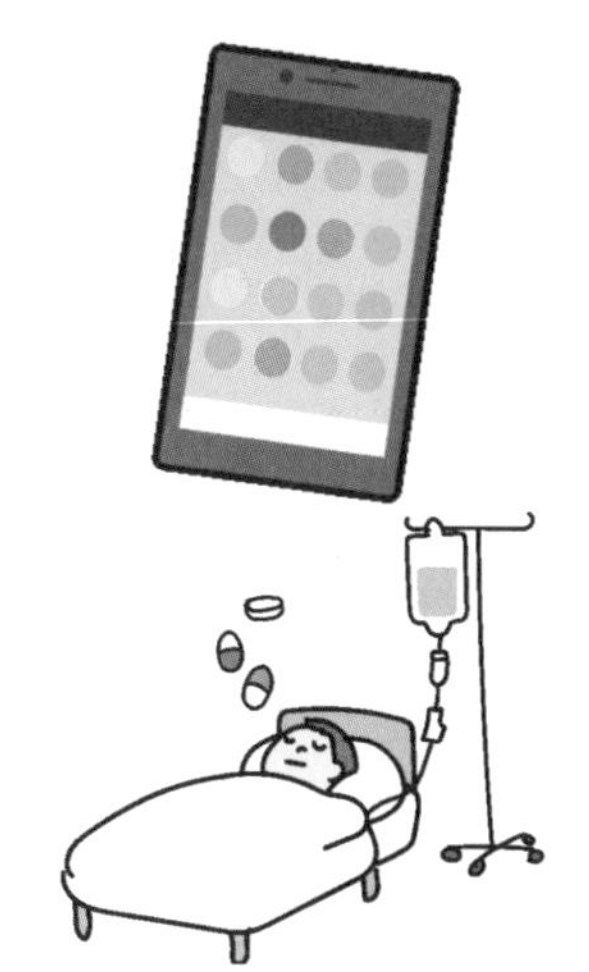

なにかをしてもらう

- 美容室で髪を切ってもらう
- 病院で病気を治療してもらう
- 塾で勉強を教えてもらう

生活費のふしぎ

家にずっといたらお金はかからないよね？

宿題やったの？ちゃんと勉強しないと将来かせげないよ！

ぐうたらしない！

毎日家でぐうたらしてればお金かからないでしょ

将来働かなくてもいいんじゃない？

おばかー！

家ですごすだけでもお金がかかっているの！

今見てるテレビも電気代が！飲んでる水も水道代が！

ちょっとトイレに……

コソコソ

そのトイレも水道代よ！

人は生きていくだけでお金がかかる！

「毎日家にいれば、お金がかからないかも……」なんて考えたことはありませんか？ でも、家でなにもしていなくても、お金はしっかりかかっています。

たとえば、1か月家ですごすにはテレビや部屋の電気をつけるための電気代が8400円、トイレを使ったり手を洗ったりするには水道代が5000円、おふろに入るにも台所で料理するにもガス代が3900円かかります。もちろん生きていくためには、ごはんの材料やおやつを買うお金など、もっとお金がかかります。

［1か月の生活にかかるお金］

出典：総務省「家計調査（二人以上の世帯のうち勤労者世帯）」

人生も課金制？

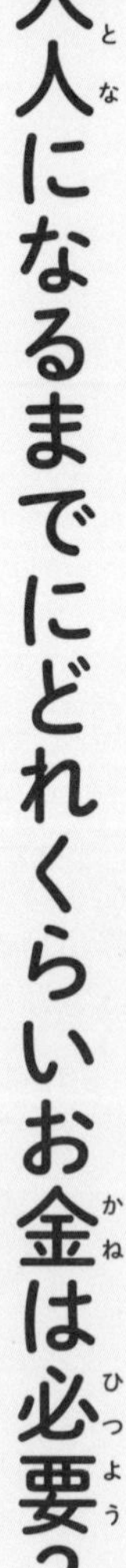

大人になるまでにどれくらいお金は必要？

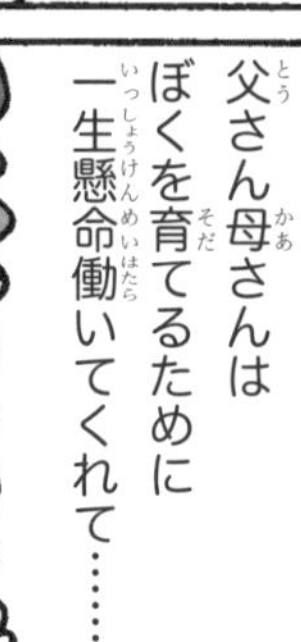

大人になるまでにかかるお金は2000万円以上!?

みんなが生まれてから大人になるまで、家の人はいったいどれくらいのお金を使うのでしょうか?

人生で大きな支出のうちのひとつが、子どもの教育費といわれています。幼稚園から大学まで、国や都道府県が一部の費用を払ってくれる国公立に通ったとしても、約580万円かかります。

大人になるまでにかかるお金は、これだけではありません。食費や服を買うお金など、それ以外にもたくさんお金がかかります。全部合わせると、2000万円以上かかるといわれています。

[生まれてから大人になるまでにかかるお金]

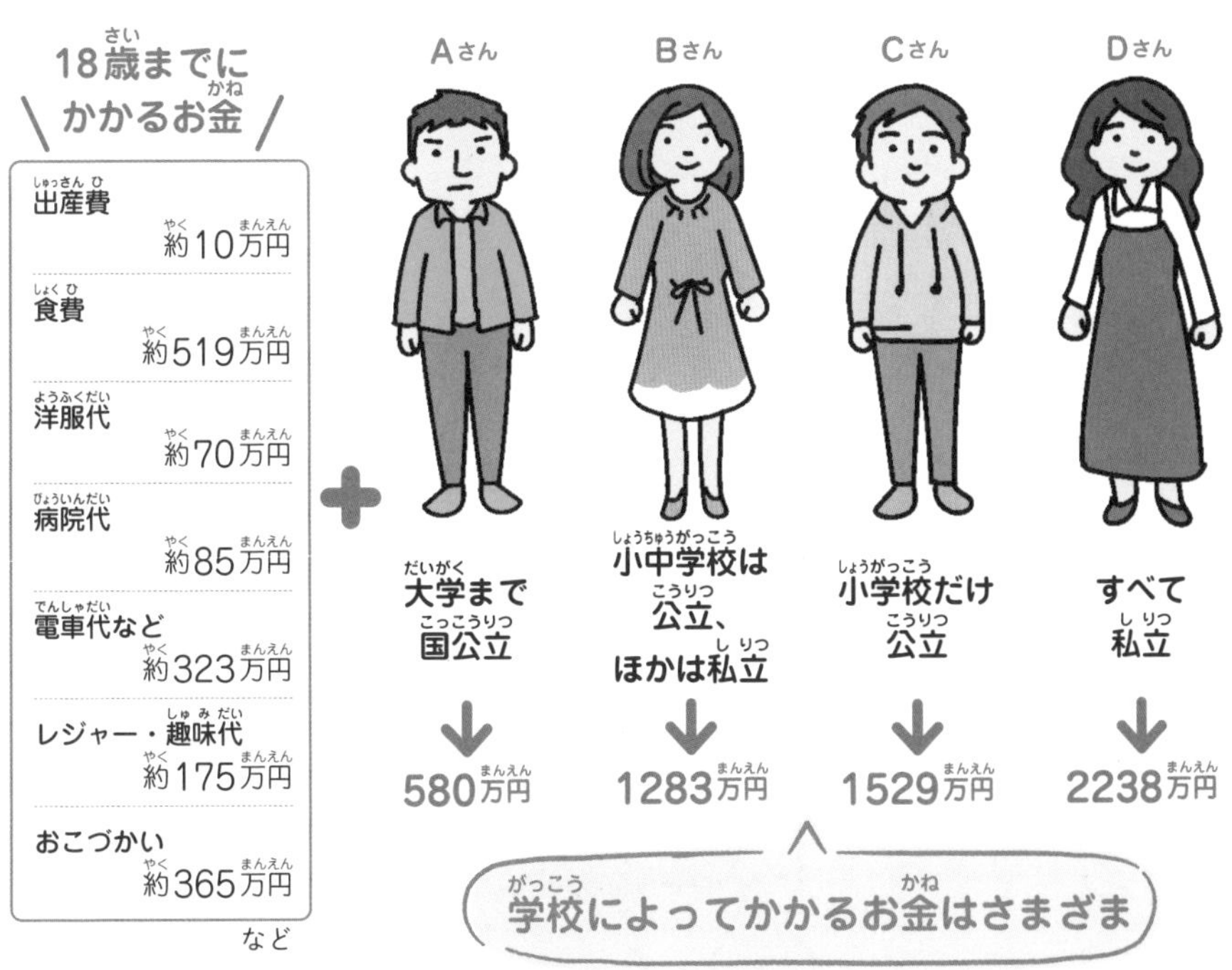

出典:文部科学省「令和3年度子どもの学習費調査結果」、総務省「家計調査(二人以上の世帯のうち勤労者世帯)」2020年平均

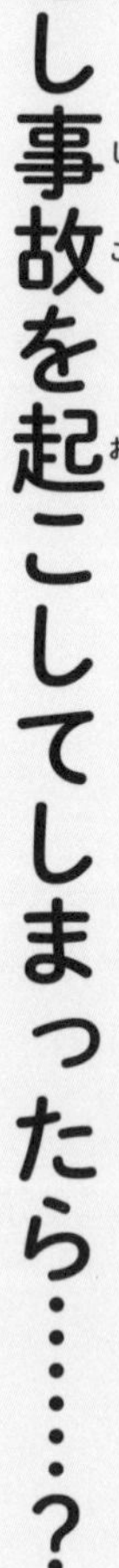
保険のしくみ
もし事故を起こしてしまったら……？

自転車で相手に重いケガを負わせた小学生が1億円請求された!?
えー
イエス
そんな事件がありうるの!?

こわい！
1億円!!
もう自転車には乗れない！

押して歩くしかない！
ひー ひー

おかえり
それ自転車の意味なくない？

ちゃんと保険に入っているから、交通ルールを守っていればだいじょうぶよ
でも気をつけてね
ホッ

「保険」はいざというときに頼りになるお助けシステム

もしみんなが自転車に乗っていて、だれかとぶつかってしまったら、謝って終わりではありません。相手が無事だとしても、検査代や修理費など、さまざまな費用を払わなければいけません。このように、急にお金が必要になったときに助けてくれるのが「保険」です。

保険は、保険会社に定期的にお金を払っておくと、事故や病気などが起こったときに、保険会社がお金を支払ってくれるしくみです。なにも起こらなければ保険料は返ってきません。「なにかあったときの安心を買う」ものです。

［保険のしくみ］

保険に入ると……

保険会社

毎月 ¥1万 ¥1万 ¥1万…

毎月保険料を払う

保険会社

保険会社から ¥100万支払われる

お金をもらえる

保険に入らないと……

毎月お金を払う必要がない

¥0

お金をもらえない

ほかにも、自動車事故や地震などの災害、病気になったときのためなど、起こるかわからない「もしものとき」のために保険があるよ。

やってみよう2

買い物上手になろう

「買ったあとにもっと安く売っているお店を見つけた」「買ったけどすぐにこわれてしまった」などという経験はありませんか？　せっかくお金を使うなら、できるだけいいものを手に入れて満足したいですよね。どうやったら上手に買い物ができるのでしょうか。

● 買い物上手になるためのポイント

○買う前に本当に必要かどうかを考えよう！

少し時間をおくと「ほしい」という気持ちがなくなることがあるよ。お店で見てすぐに買うのではなく、買う前によく考えてみよう

○予算を決めよう！

いくらまでなら使っていいか「予算」を決めて、その金額に収められるように買おう

○買うものや買う場所を考えよう！

商品について値段や大きさ、使いやすさなどを調べてみよう。また、コンビニやスーパー、インターネットなど、どこで買うかも考えよう

同じものでもお店や時期によって値段がちがうことがある！

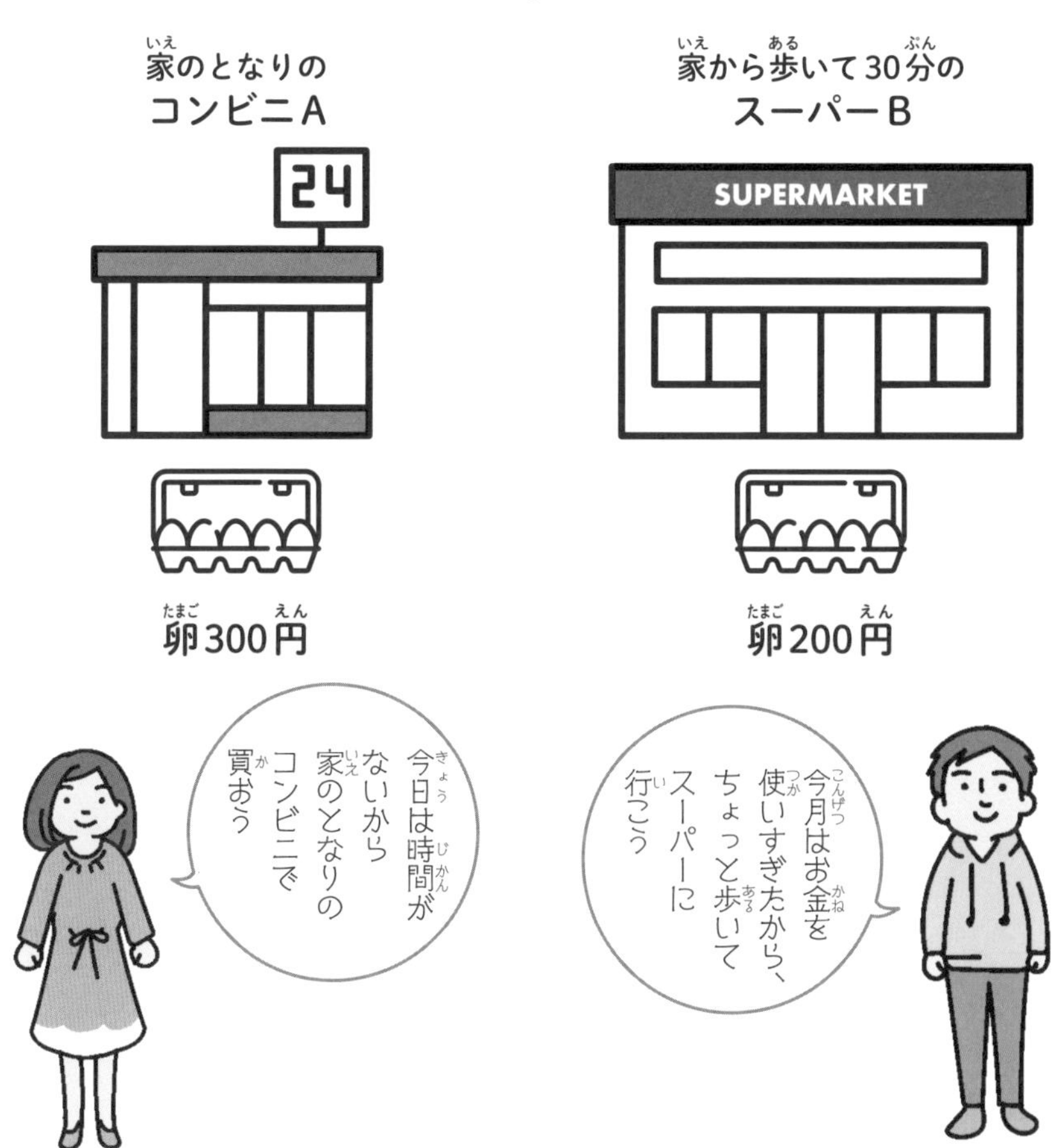

みんなだったらどっちで買い物をする？

「スーパーBがあるのを知らずにいつもコンビニAで買っていた！」という人がいるかもしれません。ほしいものがどこで手に入れられるのか、いろいろ調べてみることも大切です。安さや近さなど、そのとき優先したいことで使い分けられるといいですね。

家の人といっしょに、いろんなお店の値段をくらべてみよう！

近くにスーパーなどのお店が２つあったら、家の人といっしょに行ってみましょう。もし近くにお店が１つしかなかったら、そのお店のなかでもどうやってものを買えばいいか考えてみましょう。たとえば同じ「豚肉」でも、作られた場所や量によって値段がちがいます。

1000円以内でカレーを作りたい

カレーの材料

- じゃがいも　２個
- たまねぎ　2個
- にんじん　1/2本
- 豚肉または牛肉　300 g
- カレールー　1/2箱

お店に行って見てみよう！どんなふうにちがったかな？

（記入欄）

第(だい)3章(しょう)

社会(しゃかい)のこと

お金が社会を作っている…？

どこに出店しますか？
駅前？ショッピングモール内？一軒家？
従業員は何名？
宣伝はどうしますか？
8
%
5
6
4
3
2
1
7
お店を作るにはまず手続きが……
もうかったら国にお金を払わなきゃいけないんです！
考えることありすぎ～！
毎日ケーキを食べたいだけだったのに～！
お店をやるからには利益をださなくては！

税金って？

「税金」ってなんのお金？

「税金」とは国や地方が集めるお金国民のために使われるよ

「税金」は、私たちが健康で安全にくらせるように、国や都道府県が集めているお金のことです。お店で買ったものや、仕事でもらったお給料など、世の中のあらゆるものに税金はかかっています。みんなから少しずつ集めたお金は、みんなのために使われます。

たとえば学校や病院など生活に必要なものを、集めた税金を使ってみんなが使えるようにするのが役所の仕事です。「税金を納めること」は、国民の義務のひとつになっているくらい重要なことなのです。

[もしも税金がなかったら……]

税金の使い道

税金はなにに使われているの？

税金は、みんながくらしやすくなるために使われているよ！

私たちから集めた税金は、どこでなんのために使われているのでしょうか。

たとえば、みんなの学校で使っている教科書は、税金で用意されています。みんなが遊ぶ公園や、町を守る警察や消防、病院、ゴミの収集など、私たちの生活には、税金が使われているものがたくさんあります。

国が集めた税金の使い方は、毎年1月にある「国会」という国の会議で話し合われます。どれくらいの税金が集まりそうか、なにに使う必要があるか、1年を予想して計画を立てているのです。

［税金はこんなことに使われている！］

水道・電気・ガスなど

勉強に必要なもの

まずしくて困っている国への支援

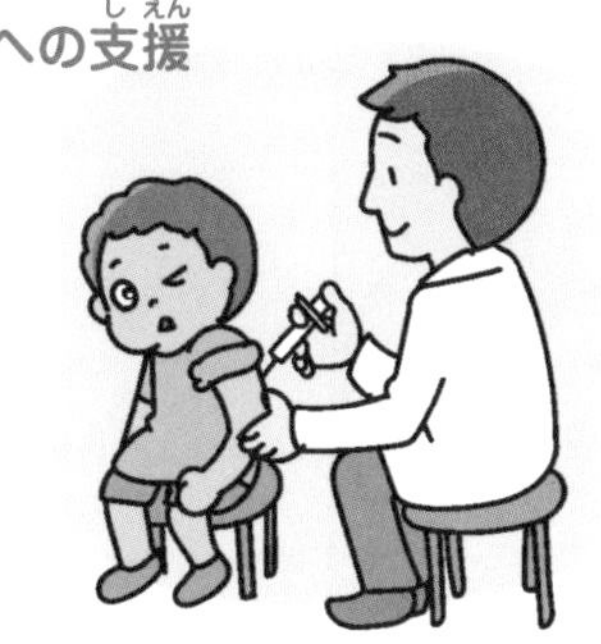

新しい研究・開発

消費税のしくみ

100円ショップなのに100円じゃないのはどうして？

おねえちゃん
これなんえん？
かって!!
いいよ
100円ショップだから
どれも100円だよ

お会計
お会計
110円です
¥110
えー!?
どうしてなの？
ママ

それは
「消費税」という
税金が上乗せされて
いるからよ
税
10円
100円

おねえちゃん
のうぜいしゃ
だったの？
のうぜいは
こくみん
さんだいぎむの
ひとつでちゅ
国民三大義務
勤労の義務
納税の義務
教育の義務
きみ3歳なのに
難しいこと
知ってるね
??

10円は「消費税」みんなも税金を払っているよ！

100円ショップなのにレジで「110円です」といわれても、なんだか納得できませんよね。この10円は「消費税」といって、モノを買うときやサービスを受けるときに支払う税金です。お店がみんなから預かって国に納めます。

消費税はモノを買うときにだれもが払うため、国民からいちばん平等に集められる税金といわれています。

消費税がはじまったのは1989年。3%ではじまった消費税は、その後5%、8%と少しずつ上がっていき、2019年に10%になりました。

[モノによって税率がちがう]

消費税は10%ですが、モノによって8%になることがあります。
家で食べる食品は生きるために欠かせないものなので、
だれでも買いやすいようにほかのものより税率を下げているのです。

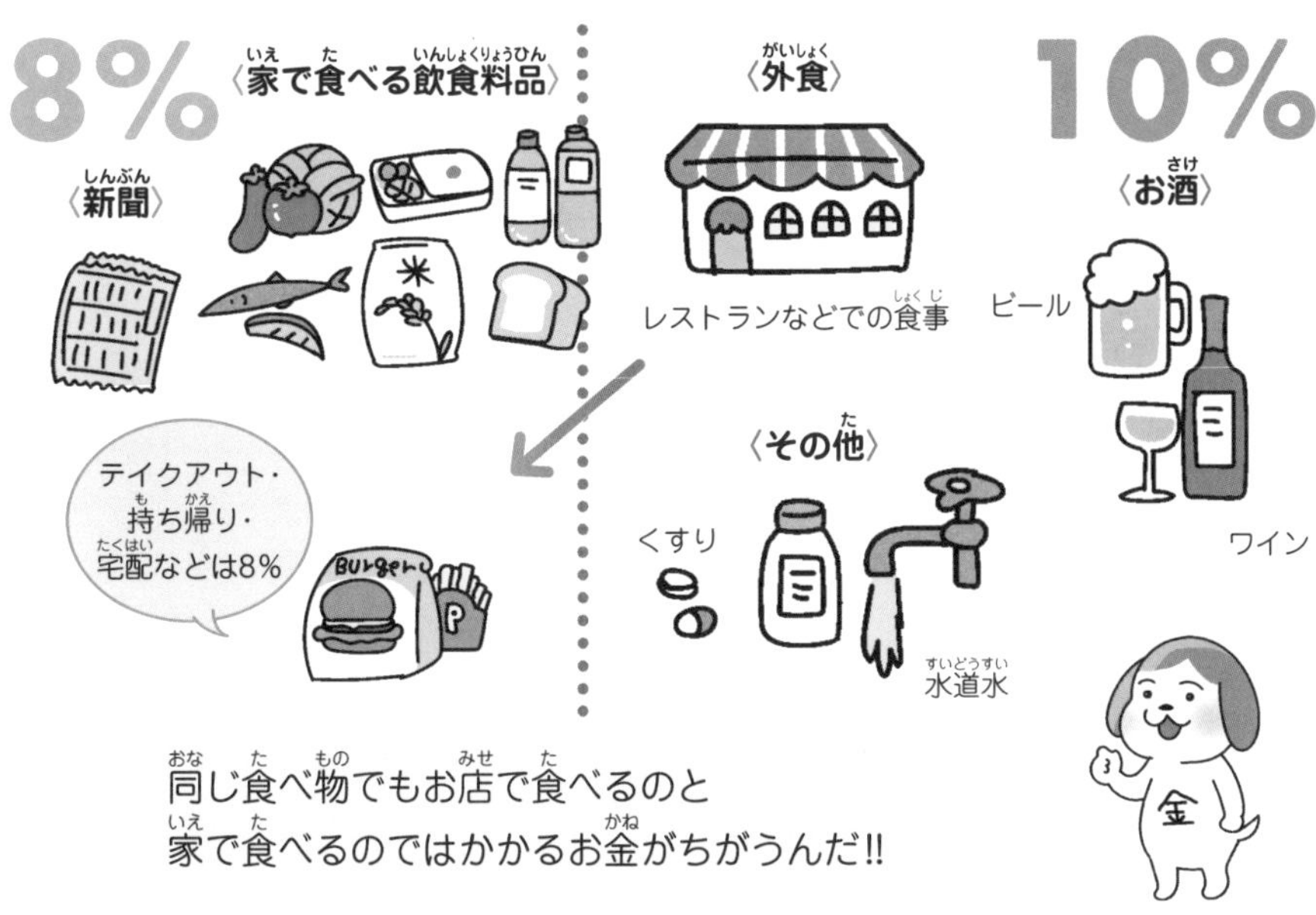

いろいろな税金

70ページで説明した「消費税」以外にも約50種類もの税金があります。どうしてこんなに種類があるのかというと、かせぎのちがう人たちからできるだけ公平に税金を集めるためです。

所得税

「所得」とは働いてもらうお金のことです。働き方はちがっても、働いてもらったお金には「所得税」がかかります。かせいだ金額によって支払う税金の額はちがっていて、お給料が高い人はその分多くの税金を支払います。

1年のお給料
800万円
払う所得税
120万円

1年のお給料
500万円
払う所得税
60万円

1年のお給料
150万円
払う所得税
8万円

法人税

法人とは会社のこと。会社がもうかったときは、それに対して税金がかかります。

酒税

お酒には酒税がかかります。お酒の種類や品目によって、かかる税金が変わります。

相続税

親や親せきが亡くなって、お金や家などを引きついだときは、相続税を払います。

固定資産税

家やマンションを借りているのではなく、持っている場合は、税金がかかります。

住民税

お給料には住民税もかかります。住民税は学校や公園などに使われるお金です。

自動車税

自動車には自動車税が、オートバイにも軽自動車として税金がかかります。

ここであげた税金は国に納める「国税」と、住んでいる地域に納める「地方税」に分けられるよ。

国税は私たちの健康やくらしを守るため、地方税は多くが地域のために使われるよ。

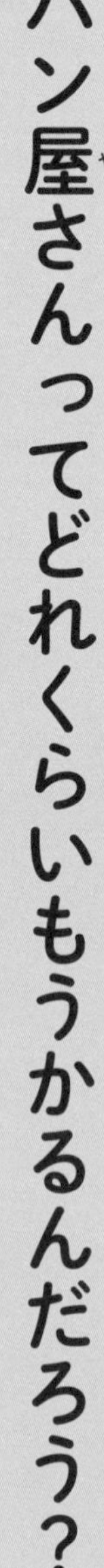
原価と利益って？
パン屋さんってどれくらいもうかるんだろう？

クリームパンが売り切れてるー！
ガーン
クリームパン ¥200ー
ごめんね！
100個作ったんだけど完売しちゃった

でもよかったねぇ
200円 × 100個 ＝ 20,000円
200円で100個売れたから2万円もうかったね！

原価がかかっているからそうではないんだよ
原価って？

材料や光熱費などそれを作るためにかかったお金のことだよ
そっか!!
パンを作るのにもお金がかかっているんだね

差出有効期間
2024年9月30日まで
（切手不要）

郵便はがき

170-8789

104

東京都豊島区東池袋3-1-1
サンシャイン60内郵便局
私書箱1116号

株式会社 高橋書店
書籍編集部 ⑲ 行

※ご記入いただいた個人情報は適正に管理いたします。取扱いについての詳細は弊社のプライバシーステイトメント(https://www.takahashishoten.co.jp/privacy/)をご覧ください。ご回答いただきましたアンケート結果については、今後の出版物の企画等の参考にさせていただきます。なお、以下の項目は任意でご記入ください。

お名前	年齢：　　歳 性別：　男　・　女
ご住所　〒　　－	
電話番号 　　－　　－	Eメールアドレス
ご職業 ①学生　②会社員　③公務員　④教育関係　⑤専門職 ⑥自営業　⑦主婦・主夫　⑧無職　⑨その他(　　　)	

裏面のご感想やご意見を匿名で、本の紹介や広告等に使用してもよろしいですか？　□はい　□いいえ
今後の企画検討時に、アンケート等でご協力いただけますか？　□はい　□いいえ

弊社発刊の書籍をお買い上げいただき誠にありがとうございます。皆様のご意見を参考に、よりよい企画を検討してまいりますので、下記にご記入のうえ、お送りくださいますようお願い申し上げます。

ご購入書籍

社会がよくわかる みのまわりのおかねのこと

A この本をお読みになった方の性別・年齢を教えてください

男 ・ 女 ・ 無回答　　（　　　　）才

B 本書を購入されたきっかけはなんですか（複数回答可）

1 表紙や書名　2 監修者　3 文章をみて　4 イラスト·図解をみて　5 マンガをみて
6 人にすすめられた　7 お金を勉強したかった·してほしかった
8 その他（　　　　　　　　　　）

C この本の中で、役に立ったページとその理由を教えてください

（　　　ページ　：理由　　　　　　　　）

D この本の中で、むずかしかったページとその理由を教えてください

（　　　ページ　：理由　　　　　　　　）

E この本についてご意見を教えてください

内容	1 満足	2 ふつう	3 不満（理由：　　　　）	
文章	1 かんたん	2 ちょうどよい	3 むずかしい	
文字の量	1 ちょうどよい	2 少し多い	3 多すぎる	4 少ない

F 最近はまっているものや、きょうみのあるものを教えてください

G 最近買ってよかった本があれば教えてください

H これから出版してほしい本があれば教えてください

この本について、お気づきの点やご感想などを自由にご記入ください

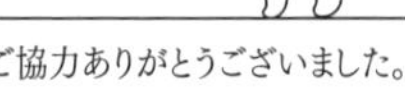

値段から「原価」を引いた額がお店のもうけになるよ

1個200円のパンを100個売ったら、パン屋さんは2万円もうかるのでしょうか？　そうではありません。

パンを作るには、小麦粉や卵などの材料を買う必要があります。オーブンを動かすための電気やガス代、お店のアルバイトをやとうお金など、商品ができるまでにさまざまなお金がかかります。このお金を「原価」といいます。

つまり、お客さんに買ってもらった商品の「値段」から、作るためにかかった「原価」を引いた金額がお店のもうけになるのです。

［ パンを作るのにかかるお金とお店のもうけ ］

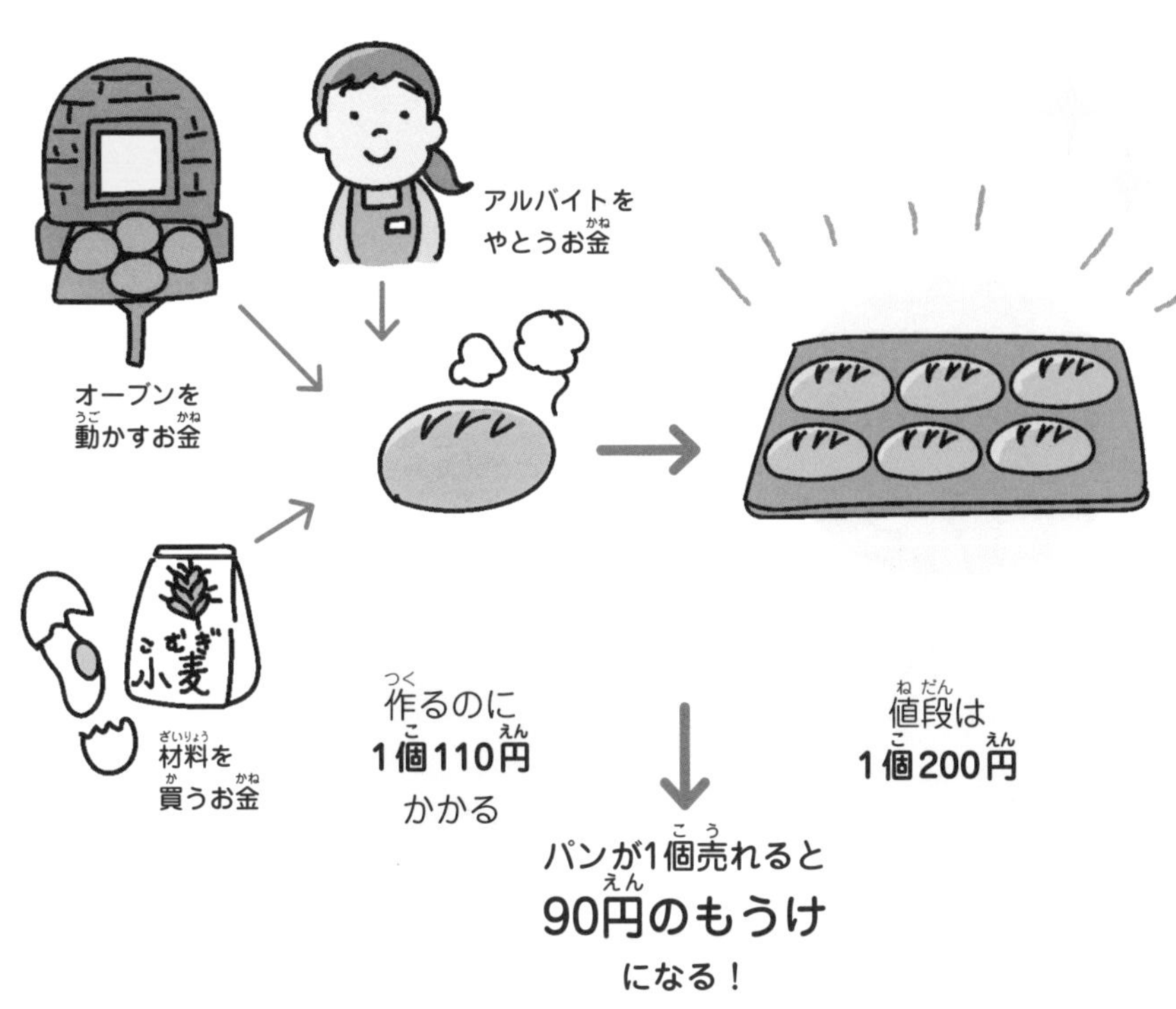

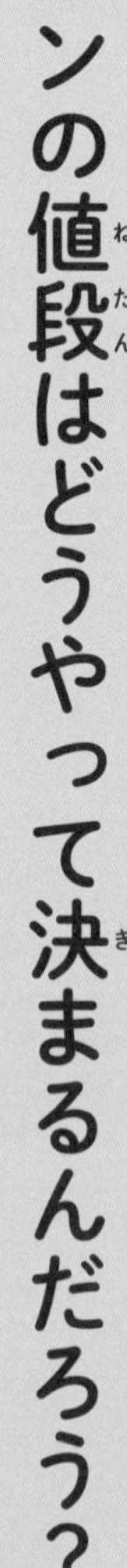

パンの値段はどうやって決まるんだろう？

流行や近所のお店の商品を調査してできあがった新作パンがこちら！

タピオカのマリトッツォ480円で販売中！

全然売れない！

450円に値下げしてみよう！

全然売れない！

350円に値下げしてみよう！

原価や流行、競争相手まで調べてから商品の値段を決めるよ！

モノの値段を決めるときは、まず、作るためにかかる「原価」を考えなければなりません。次に、いくらで売ればもうけられるかを考えます。

それ以外にも、「今はどんなものが人気なのか」「近くに競争相手がいないか」などを調べる必要があります。これを「マーケティング」といいます。

でも、いろいろ考えて値段を決めても、まったく売れないこともあります。そのときは、値段を見直さなければいけません。ちょうどいい商品の値段は、売ってみないと決められないのです。

［パンの値段が決まるまで］

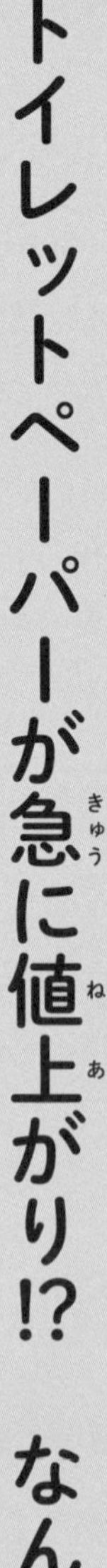

需要と供給

トイレットペーパーが急に値上がり⁉ なんで？

ほしい量と売るものの量で値段は変わる

新型コロナウイルス感染症が流行していた2020年。「トイレットペーパーがなくなる」というウワサが広がり、みんながトイレットペーパーをほしがって急に値上がりしました。

このように、ほしい人がたくさんいて、売るものが少ないと、モノの値段は高くなります。逆に、売るものがたくさんあって、買う人が少ないと、モノの値段は下がります。これを「需要」と「供給」の関係といいます。「需要」とはほしいと思う量のこと、「供給」とは売りたいと思う量のことです。

需要と供給の関係って……？

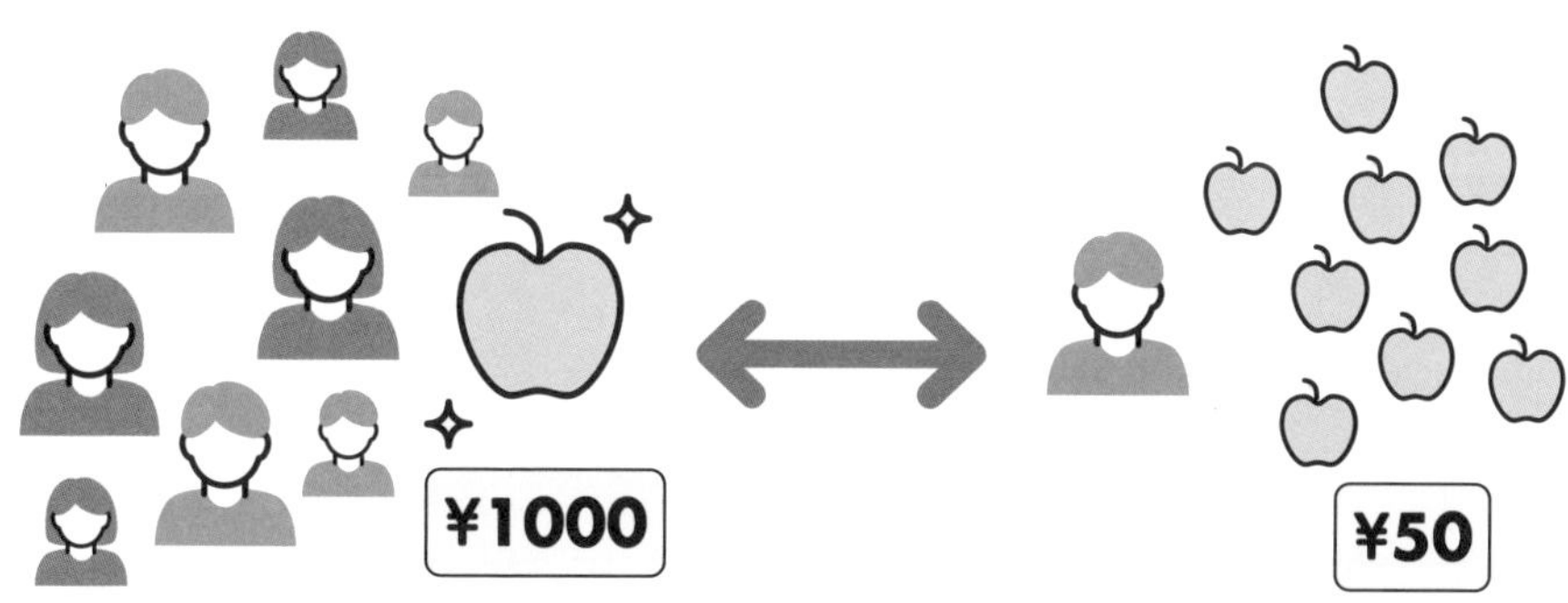

ほしい人がたくさんいて
モノが少ないと、
モノの値段が上がる

売るものがたくさんあって
ほしい人が少ないと
モノの値段が下がる

需要はある商品をほしいと思う量、供給はある商品を売りたいと思う量のことです。ほしいと思う量に対して売りたいと思う量が少ないと値段が上がりますね。モノやサービスの値段は、ほしい量と売りたい量のバランスで決まります。

セールのしくみ

セールをやってお店ははだいじょうぶ？

セールをするのには理由がある！

消費期限が近い食品や季節はずれの洋服が、セールになることがあります。「こんなに安くしてお店はだいじょうぶ？」と思うかもしれませんね。でも、お店は売れ残って捨ててしまうより、少しでもお金を取り戻した方がいいので、売り切るためにセールをおこなうのです。

また、セールすることを考えて、最初から高い値段にしていることもあります。セールをすると人がたくさん集まるので、安い商品以外のものを一緒に買ってくれることも。セールはお店に悪いことばかりではないのです。

[セールで安く売る理由]

セール をしないと…

売れ残って
ゴミに
なる

もうけは
¥0

セール をしたら…

ゴミも
減る

¥0 が **¥50**
のもうけになる

**売れ残って捨てるよりも
環境にやさしく、少しでもお金が入る！**

銀行の役割

銀行ってなにをしているところ?

銀行の3つの仕事は「預かる」「貸す」「送る」

銀行は、お金を預けるところというイメージが強いかもしれません。でも、お金を預かるだけでは、銀行はもうかりませんよね。銀行は、もうけるためにみんなから預かったお金を使って、「貸す」「送る」という仕事もしています。

「貸す」とは、必要な人や会社などにお金を貸すことです。返してもらうときにお礼として「利子」をもらいます。

「送る」とは、人や会社にお願いされてお金を振りこんだり、送金することです。このときの手数料や利子が、銀行のもうけになるのです。

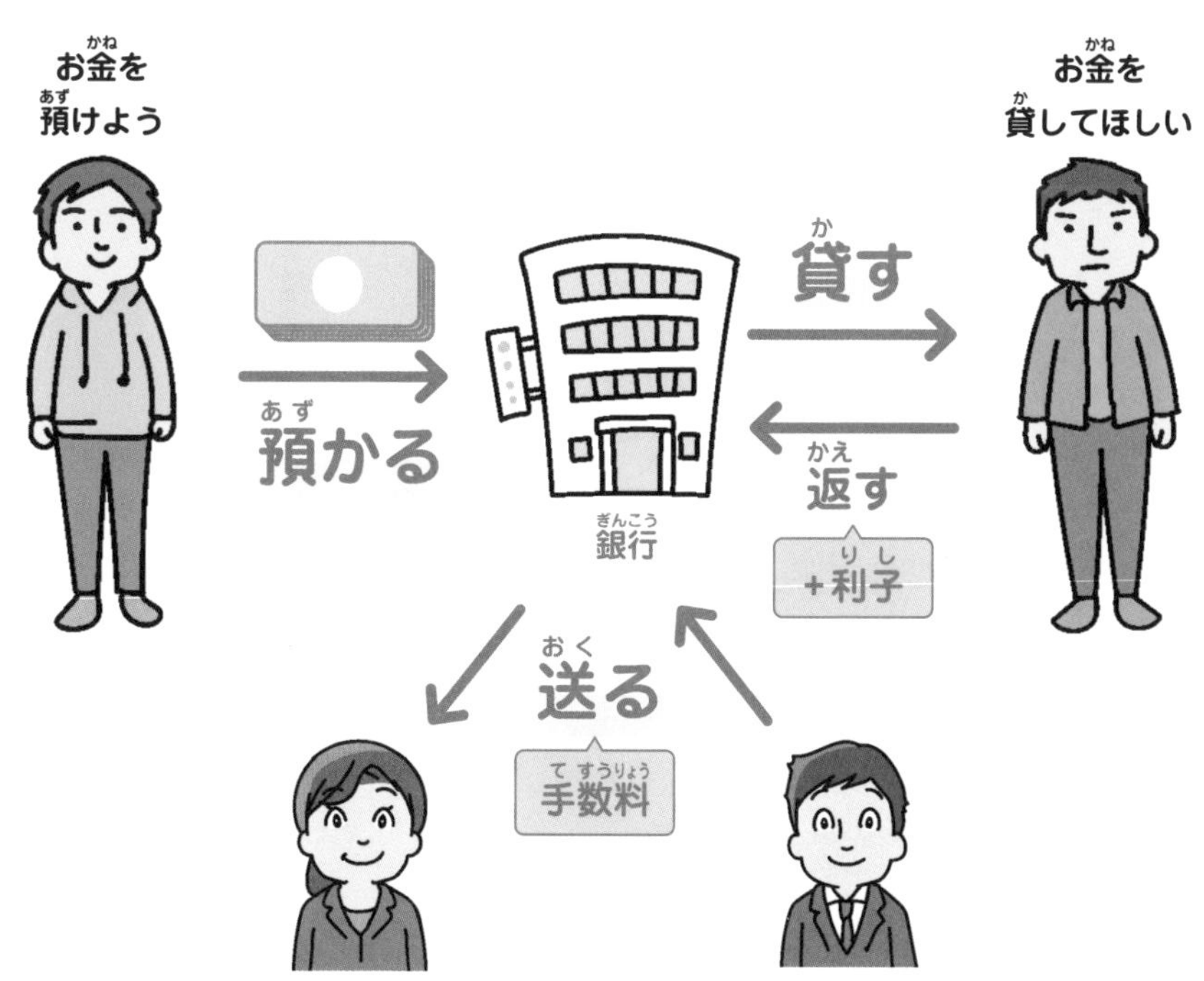

年金について

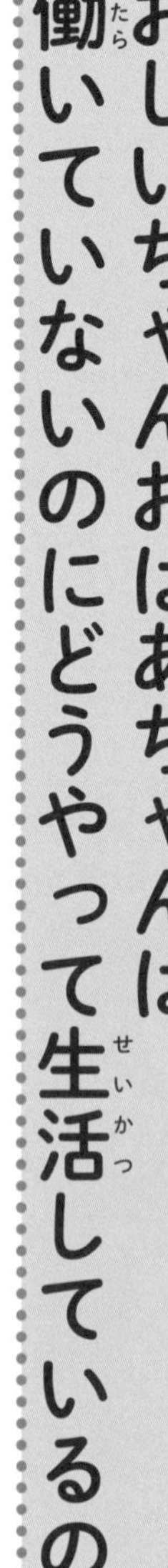

おじいちゃんおばあちゃんは働いていないのにどうやって生活しているの？

65歳以上になると国から「年金」がもらえるよ！

日本では、65歳以上になると「年金」がもらえるようになります。これは、お年よりなど、働くことが難しい人を支える社会のしくみです。

年金は、税金と「国民年金保険料」から支給されています。「国民年金保険料」とは、20歳から60歳になるまでの人が必ず支払うお金です。今働いている人たちが高齢者を支えています。

事故や病気で体が不自由になってしまったときや、保護者が亡くなってしまったときなど、若くても年金を受け取れることもあります。

［ 働く世代が高齢者を支えている ］

出典：国立社会保障・人口問題研究所「日本の将来推計人口（令和5年推計）」

これは、65歳以上の人数に対する15～64歳の人数のデータをもとにしたイラストです。年金を払っているのは20～60歳になるまでの人なので、実際に支えている人数はもっと少なくなると考えられますね。支える立場の若い人が少なくなると、1人あたりの負担が大きくなって大変です。

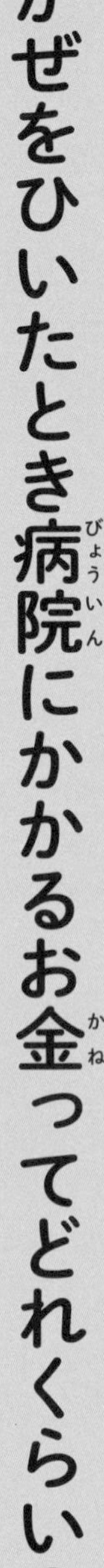
社会保障って？
かぜをひいたとき病院にかかるお金ってどれくらい？

もし
大きな病気や
ケガをしたら
たくさんお金が
かかって生活でき
なくなってしまう
のでは……？
家なきキッズ

ハハハ安心しろ
かねお！
社会保障が
守ってくれるよ

しゃかい
ほしょう？

どこのどなたです
それは!?
今から
まずごあいさつに！
人じゃないぞ
かねお
ぼく
らを
よろ
しく！

社会保障で助けてもらえるから、安心して病院に行こう！

かぜをひいて病院に行ったとき、お医者さんにみてもらいくすりまでもらったのに、支払うのは数千円ということがあります。これは私たちが健康に安心してくらすための「社会保障」のしくみのおかげです。実際は病院で1万円かかっていても、私たちが支払う金額は3000円で、残りは国が支払います。

社会保障には4つの種類があり、病院で受ける社会保障は「社会保険」とよばれるものです。社会保障は生活の安心につながります。

［社会保障の4つの種類］

お金の価値
明治時代のお給料は1か月10円!?

だがしや
今日のおかしは100円以内か～
これとこれと……
すぐオーバーしちゃう!
60円
50円

最近の物価高は見過ごせませんな
昔は3円で家が借りられたんじゃがね

えー!
100円あったらおかし食べ放題じゃん

その時代に生まれてたらな～
お給料も安いけどな

長い年月をかけてお金の価値は変化した

1か月のお給料が10円だなんて、今では信じられませんよね。明治時代の電車代は0・05円、家賃は3円ほどだったといわれています。長い年月をかけて、お金の価値が変わったのです。

世の中のモノの価値が上がり、お金の価値が下がることを「インフレ」といいます。たとえば、100円で買えたみかんが200円になると、お金が2倍必要になります。

反対に「デフレ」はモノの価値が下がり、お金の価値が上がること。100円でみかんが多く買えるようになります。

[インフレとデフレ]

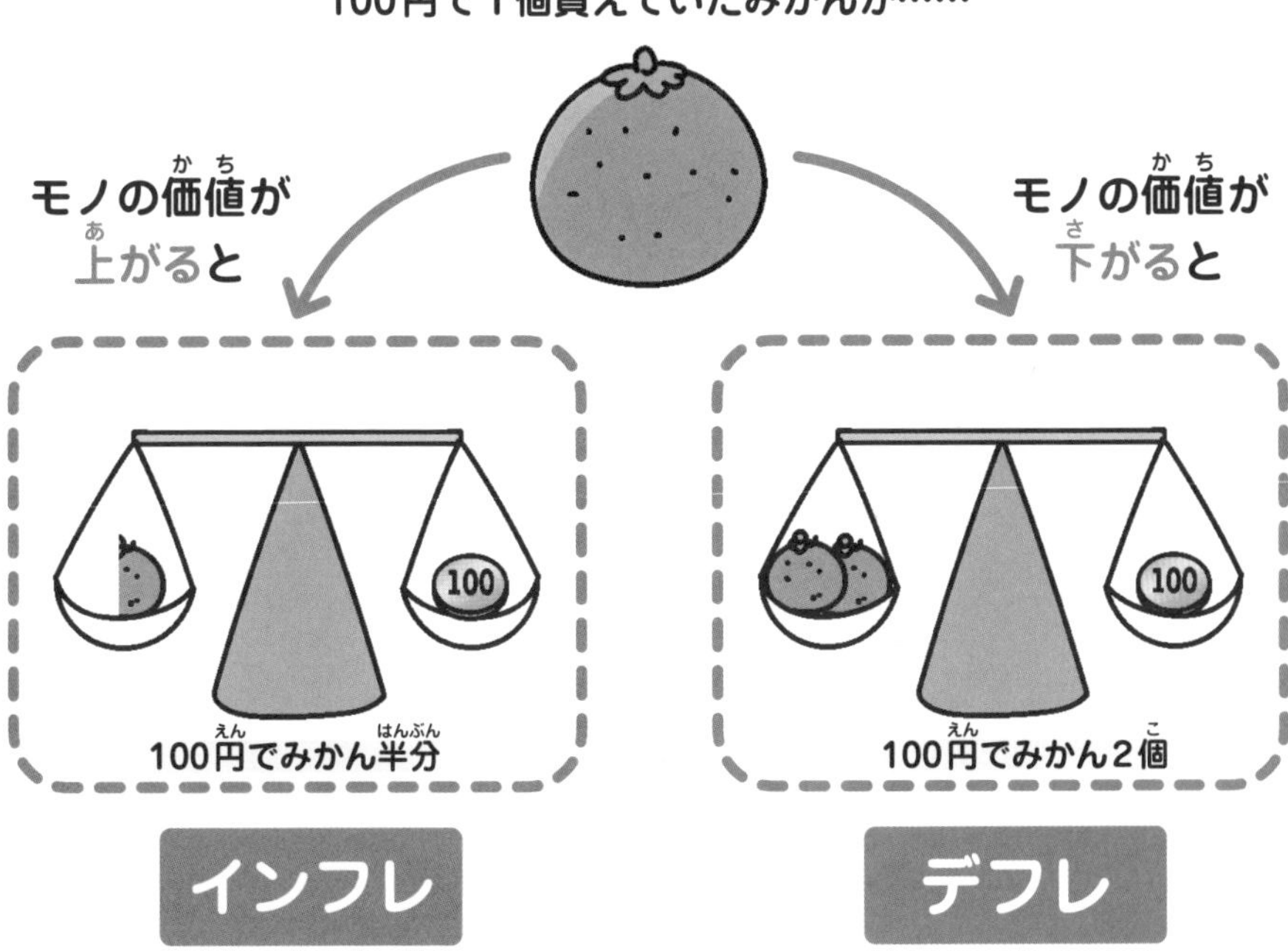

日本で海外の商品を買いたい！

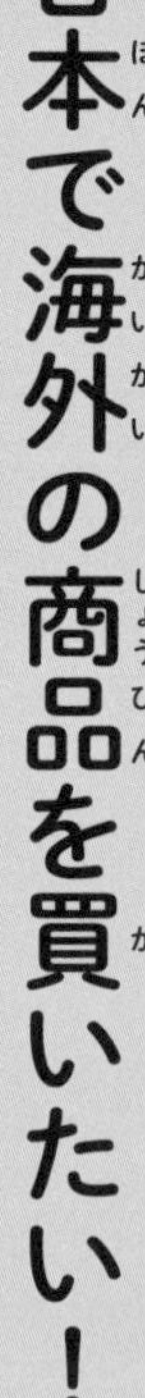

海外の商品には「関税」が上乗せされている！

今はパソコンやスマホから、日本の通信販売とほとんど同じように、気軽に海外の商品を買うことができますね。

でも、日本で海外の商品を買おうとすると、実際に海外に行って買うときよりも少し高くなることが多いようです。同じものなのに、日本と海外で値段がちがうのはなぜなのでしょうか。

それは、海外の商品を日本に持ち込むときに、「関税」というお金が上乗せされているからです。「関税」には、日本で作られている商品を守る働きがあります。

なぜ関税をかけるの？

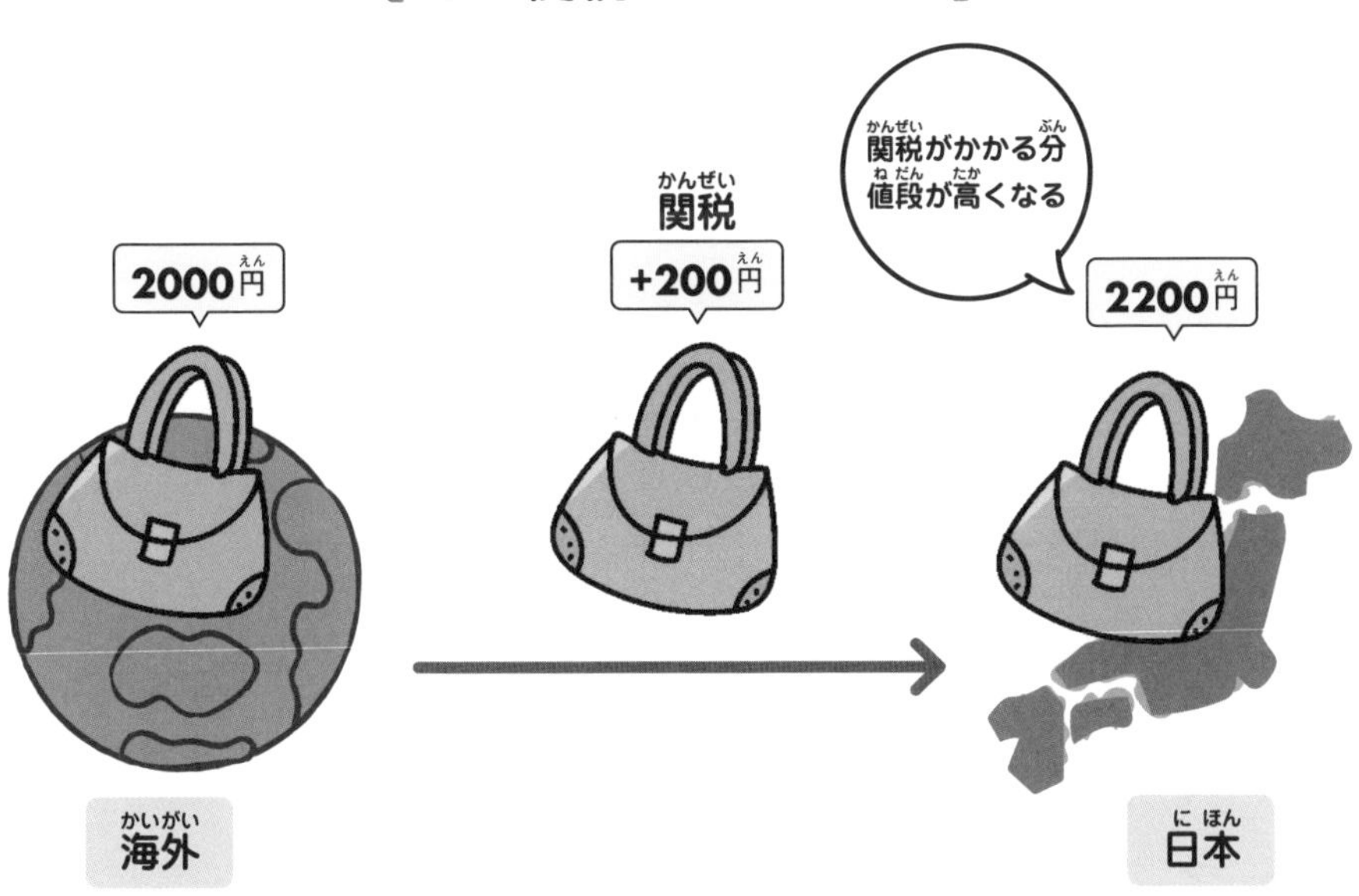

海外の商品を日本に持ち込むときには、関税がかかります。関税がかかる分、商品の値段は高くなりますね。海外の安い商品をそのまま売って日本の商品が売れなくならないようにしているのです。関税には、日本の商品を守る働きがあります。

円の値段が変わるってどういうこと?

世界の中での「円の価値」は毎日変わる

円の価値は変わります。世界のお金とくらべて、円の価値が高くなったのか低くなったのかを「円高」「円安」という言葉で表します。

1ドル100円が、1ドル80円になるということは、1ドルのものを買うのにより少ない円で買えるようになったということです。ドルが安くなり、円の価値が上がったので、これを「円高」といいます。

反対に、1ドル100円が1ドル120円になると、ドルが高くなり、円の価値が下がるので「円安」といいます。

［円高・円安って？］

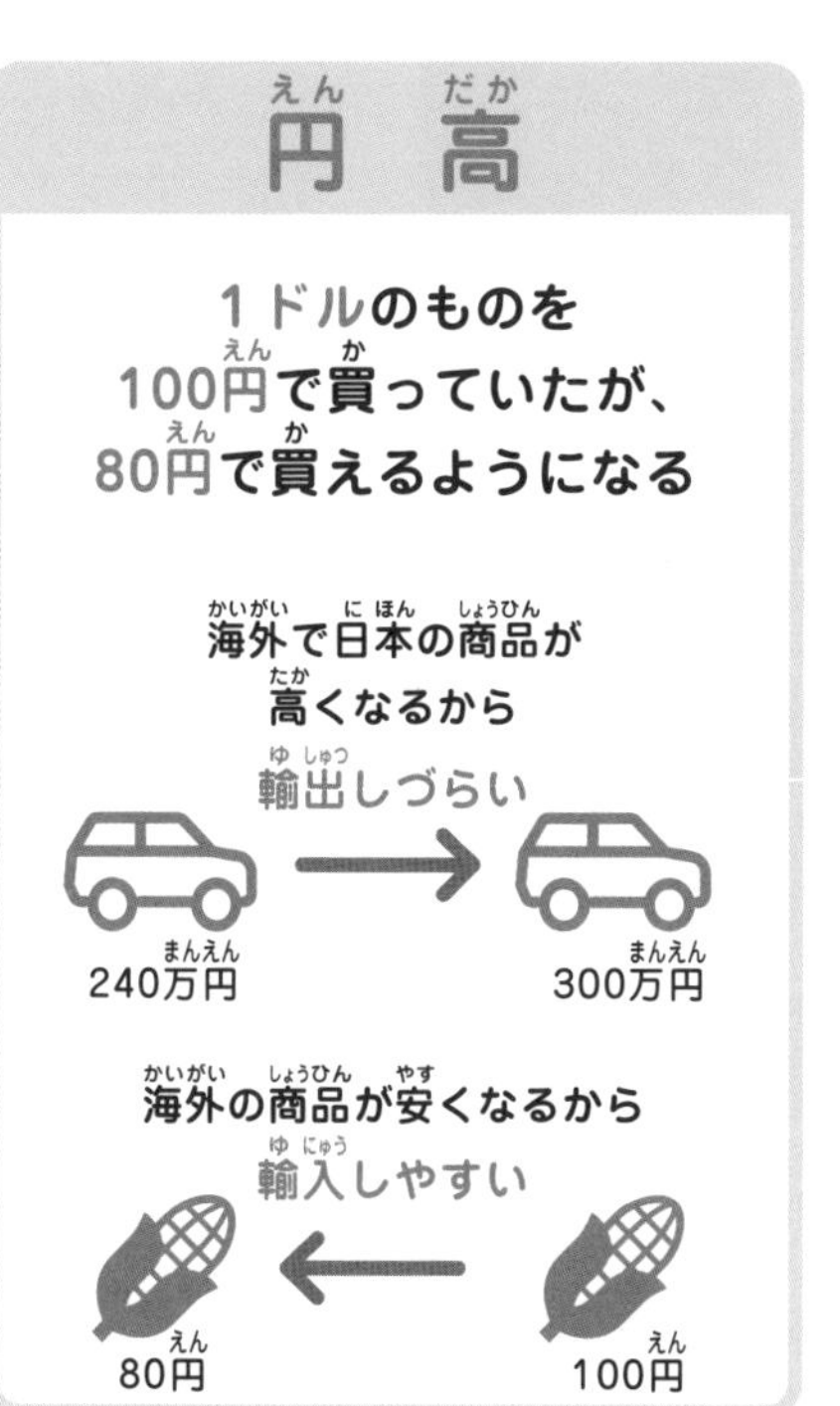

円安

1ドルのものを
100円で買っていたが、
120円必要になる

海外で日本の商品が
安くなるから
輸出しやすい

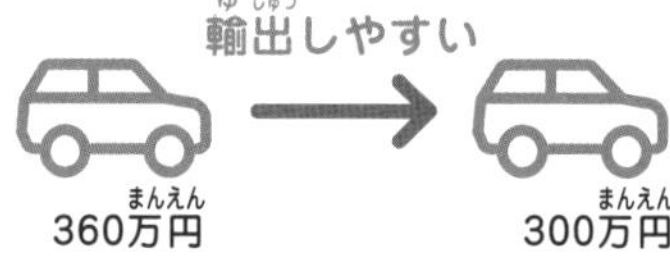

海外の商品が高くなるから
輸入しづらい

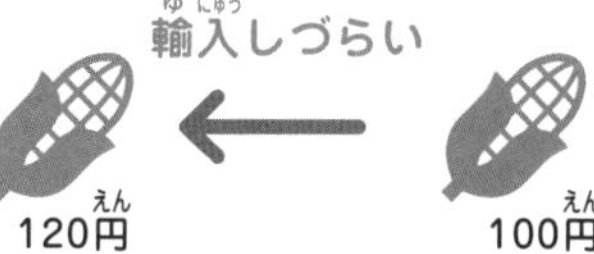

景気って？

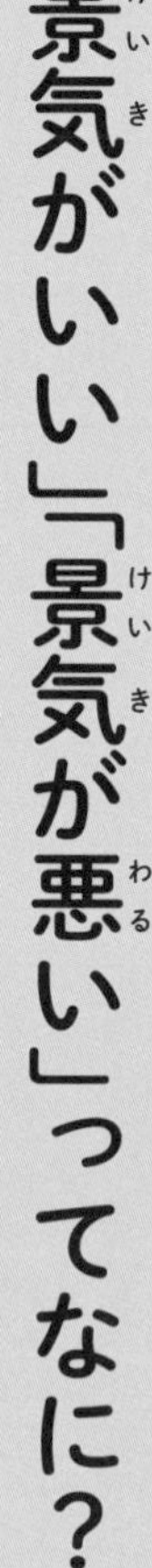

「景気がいい」「景気が悪い」ってなに？

景気は「いい」と「悪い」を必ず繰り返す

「景気」とは、世の中に活気があるかどうかを表す言葉です。景気がいいときを好景気といい、お給料が高くなり、買い物する人も増えて、お店がもうかります。逆に景気が悪いときは不景気といい、買い物や外出をする人が少なく、世の中全体に元気がありません。好景気が続けばよいですが、景気は良くなったり悪くなったりを繰り返すものです。

でも、不景気はできるだけ早く終わらせたいですよね。不景気は病気のようなものなので、国や日本銀行は3つの薬で治そうとします。

[不景気に使う3つの薬]

①銀行がお金を借りやすくする

お金が借りやすくなると、お金を借りて新しい商売を始める人が増えて、お金が活発に動き始めます。

②税金を下げる

これまでより使えるお金が増えるので、みんながモノを買ったり出かけたりして社会が元気になります。

③建物や道路を作る

国が大きな工事を始めると、その工事に関わる仕事が増えるので、働く人やお給料が増えます。

株って？

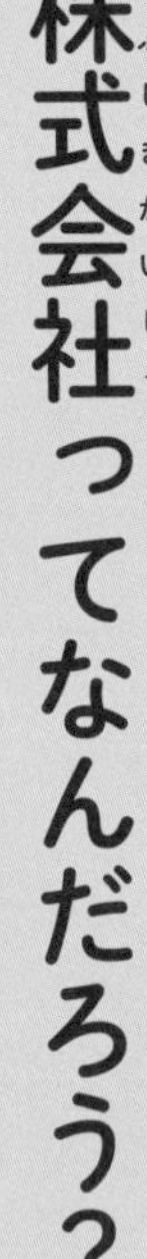

株式会社ってなんだろう？

かねおくんの株があがった

「株」は、会社をはじめるときの「お金を集める方法」だよ！

「株」とは、会社が必要なお金を集めるために発行しているものです。会社を動かすには、たくさんのお金が必要です。だれかがお金を出さなければなりません。そこで、お金を出してもらうかわりに株をわたして作った会社を「株式会社」といいます。

では、株を買うとどんないいことがあるのでしょうか。株を買った会社が成功してもうかると、「配当金」というお金がもらえます。反対に、もし会社がつぶれてしまったら、株を買ったお金は戻ってきません。

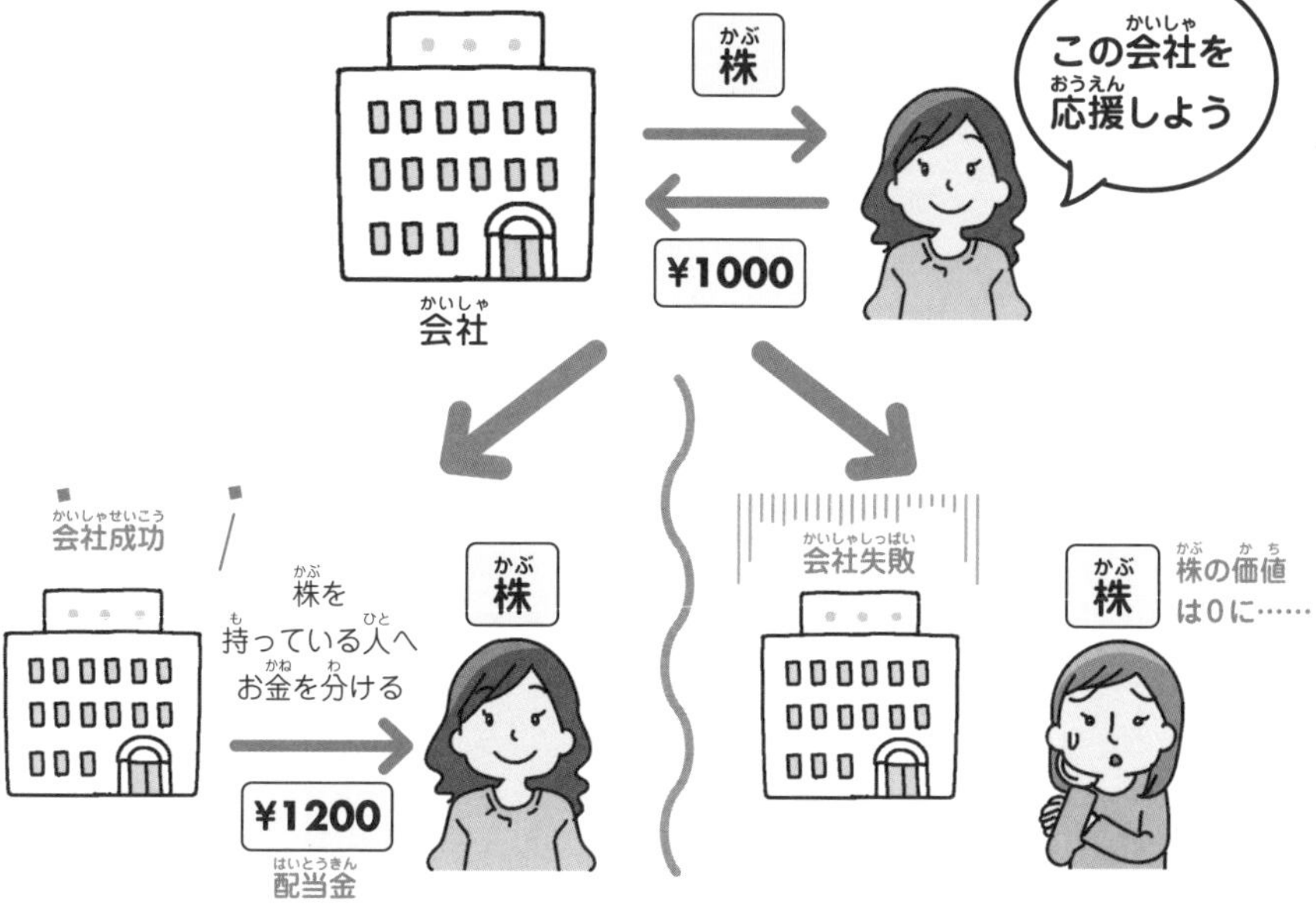

株式会社とは、「株」を発行して作った会社のことです。銀行にお金を借りるよりも、広く多くの人からお金を集めることができ、返す必要がありません。そのかわり、会社がもうかったら株を持っている人に「配当金」としてお金を分けます。

株価のヒミツ

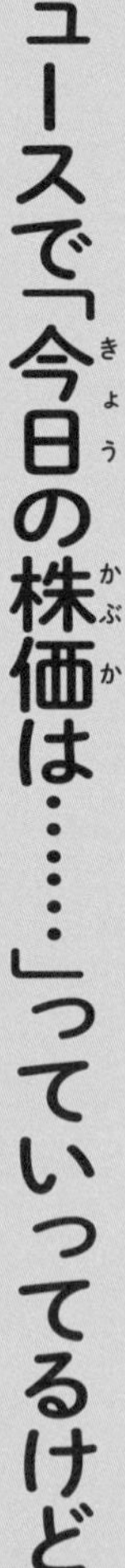
ニュースで「今日の株価は……」っていってるけどなんのこと？

今日の株価は…
うおー下がったー
行ってきまーす
お父さんは毎日ニュースを見ては一喜一憂している……

うちもそう！
なんか株価がどうとかなんとか……
ス…

それはきっと株の値段をチェックしているんだよ

株の値段って
変わるの？
毎日変わるよ

「株価」とは株の値段のこと　毎日変わる！

株の値段は毎日変わります。

たとえば、ある会社が「背が伸びる薬ができた！」と発表して評判になれば、その会社の株をみんながほしがるので株価は上がります。でも「薬を飲んでも全然背が伸びない」と評判が下がれば、「こんな会社の株いらない」とみんなが売るので株価が下がるのです。

株価が下がっているときに買って、高くなったタイミングで売れば、その差額がもうけになります。株価の変化でお金がもうかったり損したりするので、毎日ニュースになるのです。

［ 株価は変わる ］

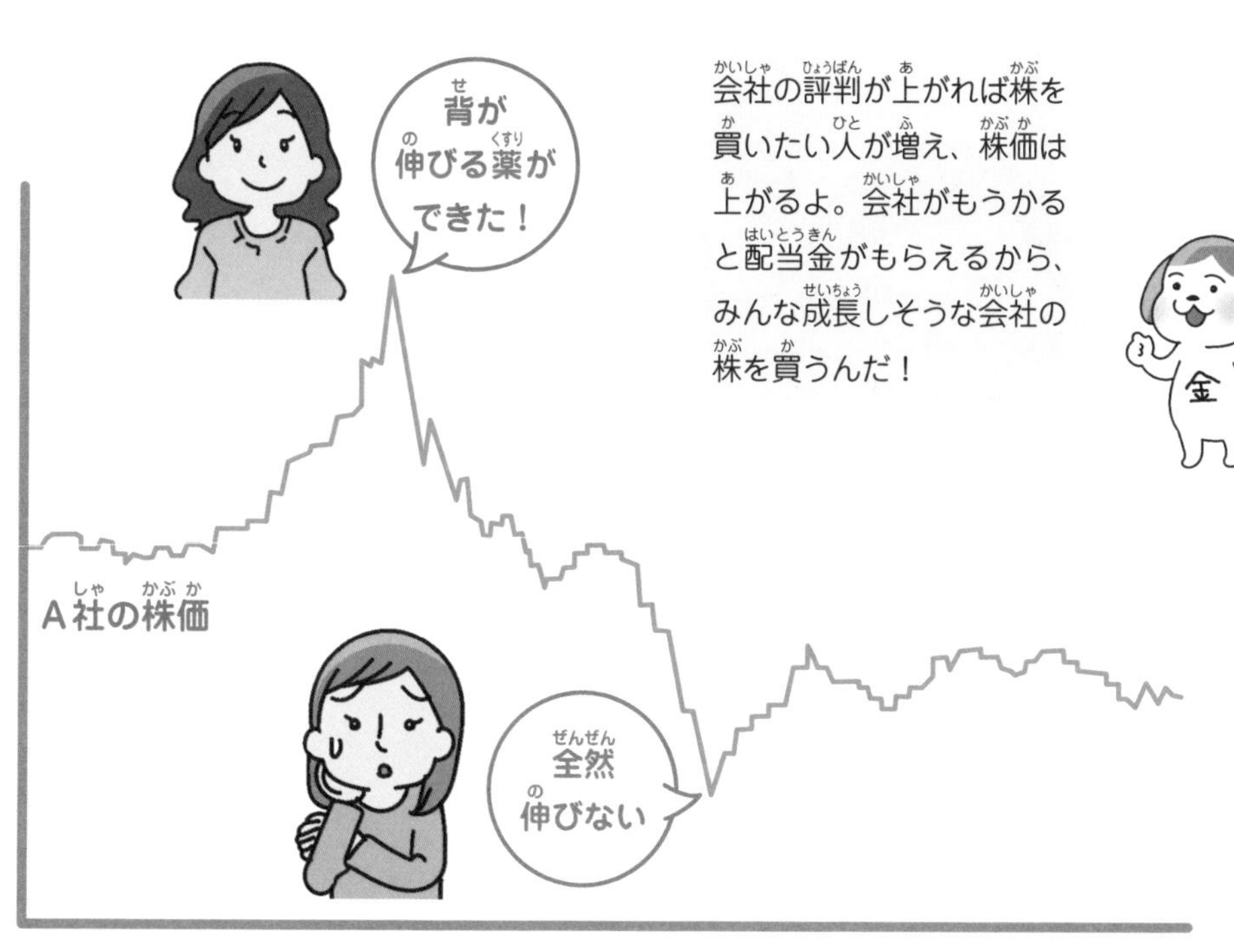

値段は動く

「ガソリンが高い」って、なんで値段が変わるの？

ガソリンの材料「原油」の値段が上がったり下がったりするため

ガソリンの値段が、めまぐるしく変わるのはなぜなのでしょうか。

ガソリンは、アラブの国々やロシアなどでとれる「原油」をもとに作られます。「原油」とは、はるか昔に海や湖にいた生き物たちの死がいが、長い時間をかけて変化したものです。つまり、今すぐに作れるものではなく、限りある貴重な資源なのです。

とれるのは数か国なのに、世界の国が必要としているので、原油の値段は、世界全体の影響を受けやすく、上がったり下がったりしています。

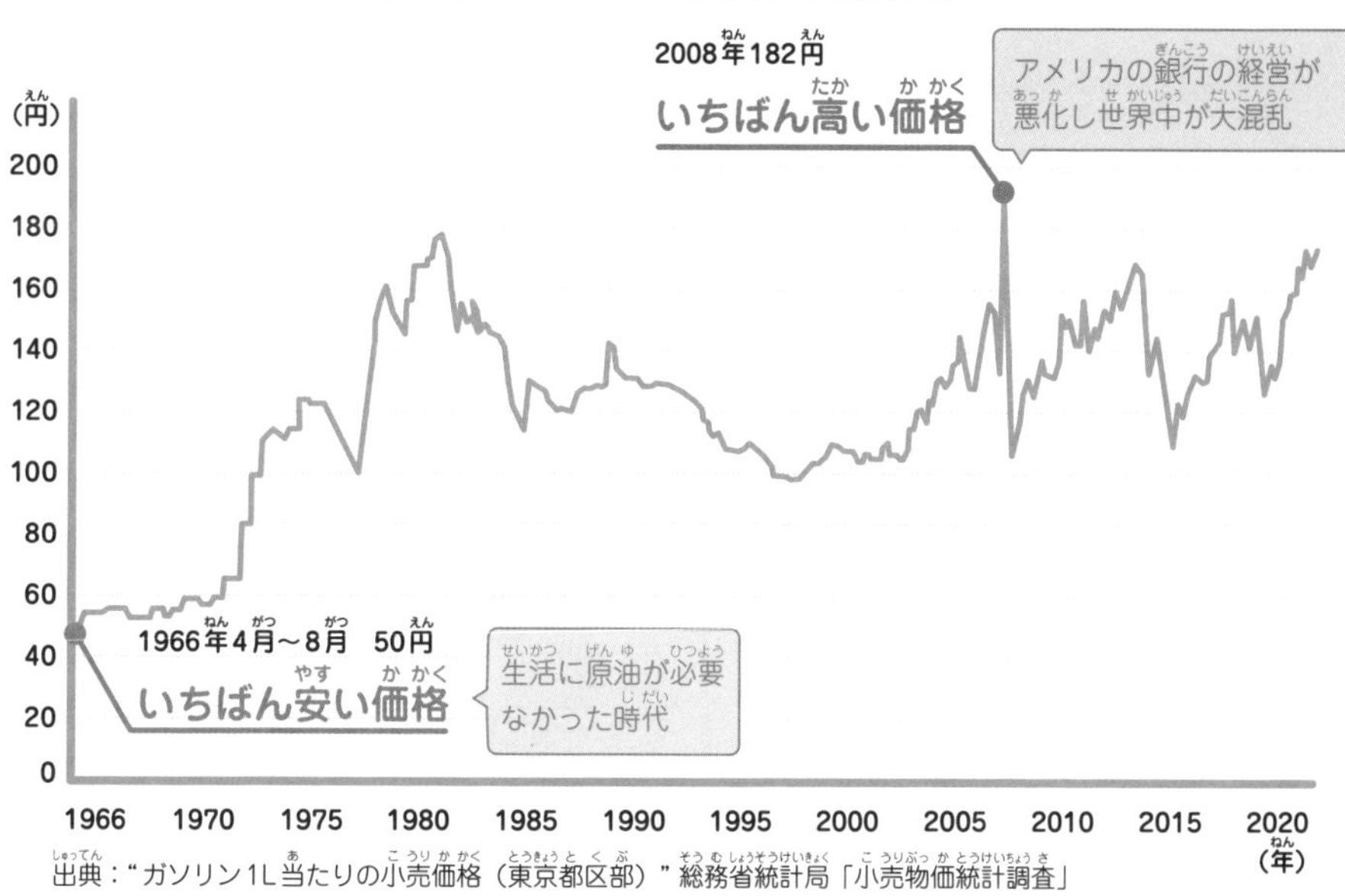

出典："ガソリン1L当たりの小売価格（東京都区部）" 総務省統計局「小売物価統計調査」

どこかで戦争が起こったり、コロナなどの世界全体を巻き込む病気が起きたりすると、ガソリンの値段は大きく変化します。グラフを見ると、いちばん高い2008年といちばん安い1966年では132円も差があることがわかります。

やってみよう3

お店屋さんをひらこう

お店や会社を作るためには、ライバルのお店や流行を調べたり、働いてくれる人やお店を出す場所を探したり、いろいろなことを考えなければなりません。もしみんながお店を作るとしたら、どんなお店を作りたいですか？　いっしょに考えてみましょう。

― お店をひらく前に ―

どんなお店にしたいか考えてみよう！

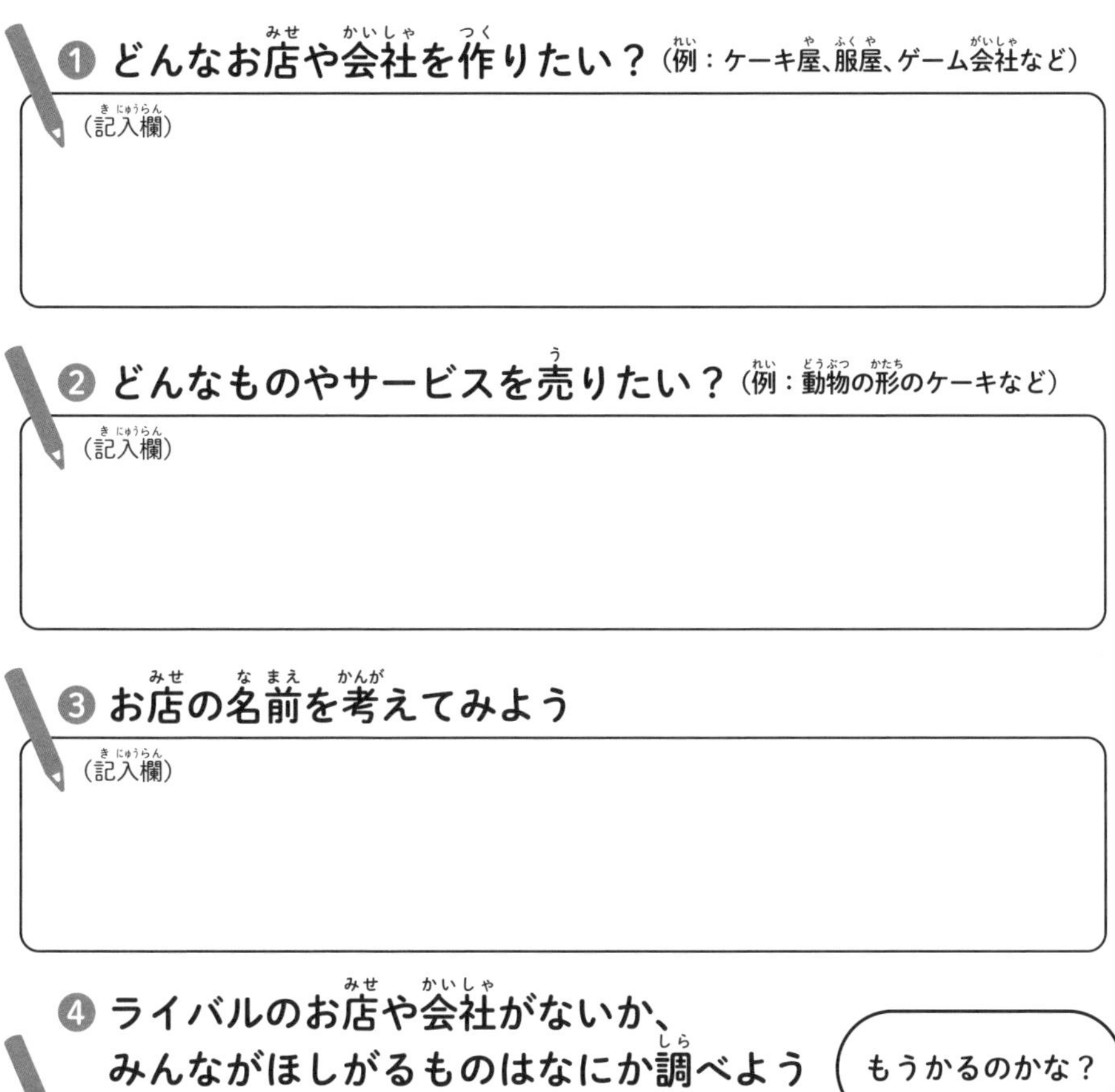

もうけるためには、その商品が世の中で必要とされているのかを知る必要があります。いくらくらいなら買ってくれそうか、どんなものだったら買ってくれそうか調べることを「マーケティング」といいます。

❺ 何人やとう？

（記入欄）

❻ どこにどれくらいの大きさのお店や会社を作りたい？

（記入欄）

❼ どんな宣伝をする？

□ SNS　□ チラシ　□ テレビCM　□ ホームページ

❽ どれくらいもうけたいか目標を考えよう

目標

売上 － 原価 ＝ 利益

売上：お客さんが払ったお金

原価：作るためにかかったお金

利益：もうけ

作るために１個50円かかるなら、１個150円で売れば、100円のもうけを出すことができるね。もしこの値段で売れなければ、お店の場所や宣伝のしかたなどを考え直す必要があるよ。いろいろなことが考えられて、お店や会社が作られているんだ！

第4章

仕事のこと

お金をかせぐって大変？
ふ～ただいま～
今日も疲れたな～
おかえりー
毎日毎日お仕事って大変そうだね
どうしてそんなに働くの？
働かないとお金がかせげないからね
みんながくらしていくためにはお金が必要だろう？
じゃあさ！宝くじとかでどーんとお金がもらえたら、働かなくていいんじゃない？
どーんと！
そうだなあ

でもね、お金のためだけじゃないんだよ
？
お父さんの会社は食品会社だけどがんばって作ったものがスーパーに並んでいるのを見るとうれしくなるんだ
すぐうま
「忙しくても手軽においしく食べられる」って感謝されたり
「こういうものを待ってました！」ってほめられると
おいしー
助かる！
お金にかえられないやりがいを感じるよ
だれかのためになることでお金はもらえるけど、
ホラこのお菓子もうちの会社の
わーいコレ好きー
感謝はお金じゃ買えないからね
ありがとう

お給料って？

働かないとお金はもらえないの？

働いた分の対価としてお給料をもらえるよ！

会社やお店で働くと、「お給料」をもらいます。これは、会社に自分の時間や体力、能力を売っているからです。だれかの役に立つ仕事をすることが、お金になります。

世の中には、会社で働いてお給料をもらうのではなく、漁師や農家の人のように、自分で作ったものを売ってお金をかせぐ人もいます。

人はお金のためだけに働いているわけではありません。働くことに「やりがい」や「喜び」を見つけている人もたくさんいます。

[お給料は働いた分の対価]

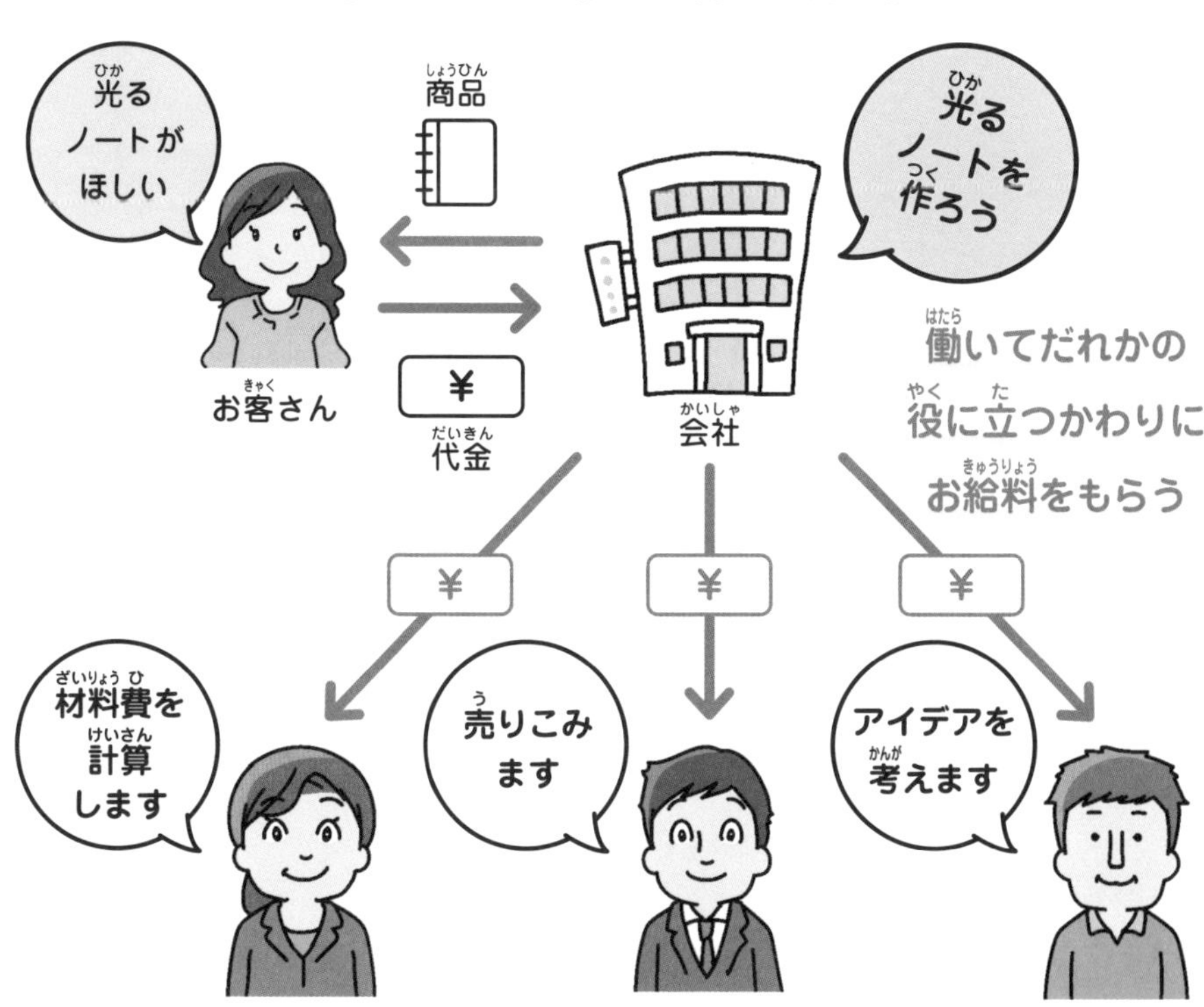

いつから働ける？

今すぐお金をかせぎたい！　子どもは働けないの？

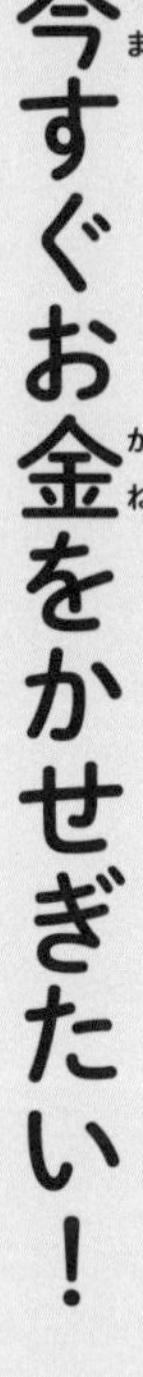

働くのは中学校を卒業してからが基本だよ！

日本では、中学校を卒業しないと基本的には働けません。これは、「労働基準法」という法律で決まっています。ただし、13歳以上なら新聞配達などの「簡単で、学校の勉強をじゃましない仕事」であれば、働いても良いことになっています。

映画やドラマなどで「子役」として働くのも例外としてOKです。でも、夜は8時までと決まっているので、夜遅くの生放送などには出られません。

また、YouTuberは「労働者」ではないので年齢制限はありません。

コラム

おこづかいをもらう方法

もっとおこづかいがほしいと思ったら、まずは家の人に相談してみましょう。相談するときは、どうしておこづかいがほしいのか、今もらっている金額ではたりない理由をしっかり説明することが大切です。おこづかいは、家によって、毎月決まった金額をわたしていたり、必要なときにその都度わたしていたり、ルールがちがいます。「ゴミ出し」「食器洗い」「おふろそうじ」などのお手伝いをすると、おこづかいをもらえる家もあるかもしれません。だれかの役に立つ仕事をすることが、お金をかせぐことにつながります。

将来のため？

どうして勉強しなきゃいけないの？

今の勉強が、将来の自分を助けるかもしれない！

どうして勉強をしないといけないのでしょうか？　それは、みんなの将来につながるからです。

もし、将来やりたいことを見つけたときに「資格」が必要だったら？　決まった学校を卒業していないとなれない職業だったらどうでしょうか？

勉強をしないと、自分が選べる仕事が少なくなってしまいます。勉強してきたことによって、働いてもらえるお金の額が変わってくることもあります。

勉強は「自分の将来の可能性を広げる」ことでもあるのです。

[こんな勉強がこんな仕事につながる！]

起業って？

自分でお店や会社を作りたい！

小学生でも会社を作れるでも、続けるのは難しい！

「こんな商品があればいいのにな」と思ったら、会社を作ってそのアイデアを実現することができます。それが「起業」です。今はだれでも1円から起業することができます。

でも、じつは起業は始めるよりも続ける方が難しいといわれています。

会社を作ったあと、もし商品が売れなければ、計画を考え直さなければいけません。新しい計画でもうまくいかなければ、会社がつぶれてしまうこともあります。会社を続けるためには、努力し続ける必要があるのです。

会社を作ろう

1	計画を立てる	会社の目標やどんなものをどのように売るか決める。
2	お金を集める	必要なお金を銀行から借りたり株を売ったりして集める。
3	必要な書類を作る	会社のルールを決めて書類を作り、提出する。
4	会社を動かすお金を用意する	会社を作る人の銀行口座などにお金を用意する。
5	会社の情報を国に登録する	会社の名前や所在地、どんな仕事をするかなどを国に登録する。
6	税金や保険の手続きをする	会社を立ち上げたことを国に届けて、税金や保険の手続きをする。

海外で働く

大人になったら海外で働きたいな

日本と海外では働き方やお給料のしくみがちがう！

日本の多くの人は、同じ会社で働き続け、年齢とともにお給料が上がっていくという働き方を選んでいました。この働き方は、ずっと働ける安定感があります。

一方、アメリカなどでは、年齢に関係なく、仕事を成功させた人に多くのお給料が支払われます。若くても実力があればお給料が高くなります。そのため、より良い条件を求めて、ちがう会社にうつることも多いです。

最近は日本でも、このような働き方が増えてきました。

［海外で働くためには……？］

外国語を勉強する

その国の文化を学ぶ

ビザをとる

「海外で働きたい！」と思っても、すぐに働けるわけではありません。英語や中国語などの外国語を勉強したり、その国の文化や習慣を学んだりしておくと、実際に行ったときに役に立ちます。また、ほかの国で働くときには、「外国人だけど働いてもいいという許可（ビザ）」をとる必要があります。

働き方いろいろ①
世の中にはどんな働き方があるの？

みかちゃんのお母さんって○○スーパーで働いてるんだね
いる～
うん、妹がまだ小さいからパートでね

パートだとなにか都合がいいことあるの？
短い時間で働きたいとか、自由に時間を決められるよ

いつかまた正社員になりたいみたいだけど、
これこっち～？
そー
そのときに合わせて働き方を変えればいいいって言ってたよ

あら、みか来たの？もうすぐ帰るよゆずちゃんむかえにいかなくちゃ
今日はコロッケにしようね
やった～

「毎月安定したお給料をもらう」？「自由な時間を優先する」？

世の中には、いろいろな働き方があります。

「正社員」は、決まった時間働く代わりに、毎月安定したお給料をもらいます。「パート・アルバイト」は、時間をコントロールしたい人に便利な働き方です。「起業家」は会社を作って経営する人のこと。責任はありますが、自分で会社の方針を決められます。警察官や学校の先生などは「公務員」といわれ、お給料は税金から支払われています。

ほかにもたくさんの仕事や働き方があり、いろいろな選択肢があります。

［いろいろな働き方がある！］

働き方いろいろ②

会社員とフリーランスってなにがちがうの？

会社員は安定している フリーランスは自由度が高い

会社に入らずに自分でかせぐ「フリーランス」という働き方があります。会社員とフリーランスの働き方のちがいをくらべてみましょう。

会社員は、自由が少ないように感じますが、お給料が毎月決まった日に入るので、安心して働けます。また、受けられる社会保障（86ページ）が多いです。

フリーランスは、自分で仕事を探して、どれくらい働くかを決められます。自由に時間を使える働き方です。働いた分だけお金が入るので、会社員よりたくさんお金が入ることもあります。

会社員とフリーランスの長所・短所

	長所	短所
会社員	● 毎月決まったお給料が入る ● 会社からのサービスでもある福利厚生を受けられる	● 時間や場所は選べない ● お給料が上がりにくい ● 自分で決められることが少ない
フリーランス	● 時間や場所が自由 ● 働いた分だけかせげる ● 自分の好きなことや得意なことをいかせる	● 収入が安定しない ● お金の管理や手続きなどをすべて自分でやらなければならない ● 会社による保障がない

やってみよう4

大切にお金を使おう

毎月決まった金額のおこづかいをもらっている人、お手伝いをしたらおこづかいをもらえる人、必要なときにその都度もらう人……。家によっておこづかいのもらい方はちがいます。でも、同じなのは、家の人がみんなのためにかせいだお金だということです。

お金をかせぐのってどれくらい大変なの？

お金をかせぐのは、どれくらい大変なのでしょうか。仕事の内容や、自分の能力、働く時間などによって、もらえるお金はちがってきます。どんな仕事をしているのか、家の人に話を聞いてみてもいいかもしれません。生きるためにはお金が必要で、みんなが毎日安心してくらせるように、家の人は働いているのです。家の人がかせいだお金を、どうやったら大切に使えるのか考えてみましょう。

毎月500円もらえるとしたらどうする？

同じ500円をもらっていても、人によって使い方がちがいます。友だちやきょうだいがたくさんお金を持っているように見えても、もしかしたらなにかをがまんしてお金をためたのかもしれません。どんな使い方があるか考えてみましょう。

❶ 500円をすぐに使う

また500円以内のものしか買えない

❷ 300円使って200円残しておく

残しておいた200円と新しくもらった500円で700円のものが買える！

❷ のように、高くてほしいものがあるときは、今あるお金をすべて使うのではなく、「使い残す」ことが大事です。限られたお金を計画的に使えるといいですね。

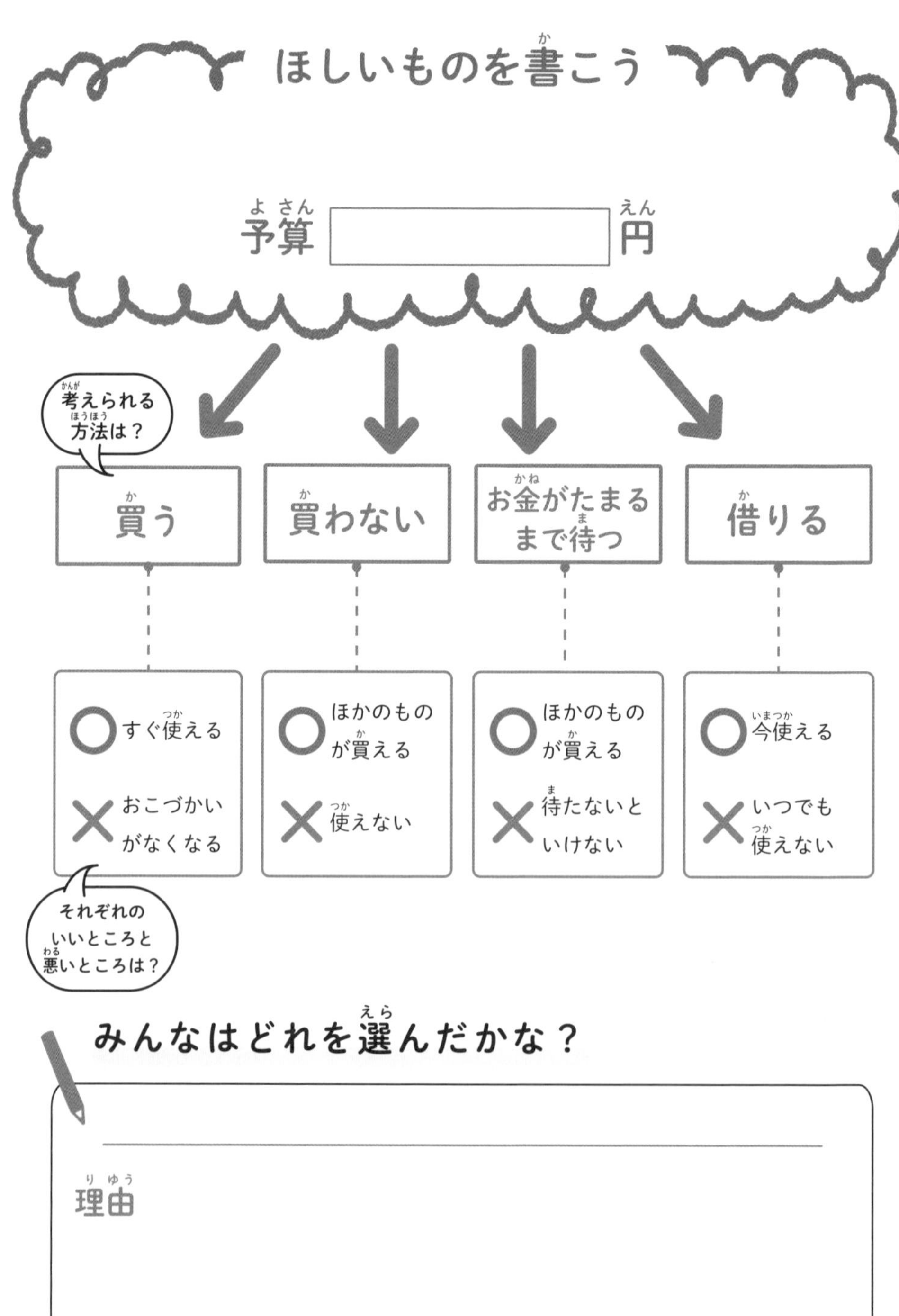

ほしいものを書こう
予算
円
考えられる方法は？
買う
買わない
お金がたまるまで待つ
借りる
○すぐ使える
×おこづかいがなくなる
○ほかのものが買える
×使えない
○ほかのものが買える
×待たないといけない
○今使える
×いつでも使えない
それぞれのいいところと悪いところは？
みんなはどれを選んだかな？
理由

第5章

上手な お金の使い方

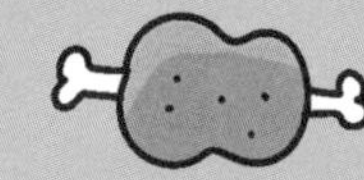

お金を上手に使いたい！
おばあちゃーん
またお金がたりなくなっちゃった〜！
今月もムダづかいしちゃったよ〜！
これよく考えたらいらなかった〜！
おやおや大変だねぇ
あ、靴下穴あいてる
新しいの買わなきゃ
どれどれ貸してごらん
つくろえばまだはけるよ
おばあちゃんってものを大事に長く使うよね
お洋服は直して着るし
家庭菜園でお野菜育てたり
小物を作ってフリマで売ったり

そんなに節約して、なににお金を使っているの?
ありがとう
?
ハイできた
本当にほしいものに使うために、節約しているんだよ
たとえばこの家
家族でくらす自分の家がどうしてもほしかったからお金をためて買ったのよ
服もそう
よく考えて本当にほしい服を買えば、大事に長く使えるでしょう
これは10年着ているよ
おばあちゃんすごい!
私もお金の使い方、上手になりたい〜!
さあ学ぶワン

ムダづかいって？

なにをしたらムダづかいになるの？

お金は無限じゃない！必要かどうかを考えて使おう！

「ムダづかいはやめなさい」とおこられたことはありませんか？　これは、お金を使ってはダメというわけではなく、上手に使ってほしいということです。

同じような服を何枚も買って結局着なかったり、おかしをどんどん開けて食べ切らずに捨てるのは、上手なお金の使い方とはいえません。反対に、とても高いものでも、何十年も大切に使い続ければムダにはなりません。

本当にほしいものか考えて買うのが、上手なお金の使い方。高い買い物がすべてムダなわけではないのです。

コラム

ムダづかいってなんだろう？

「ムダづかいはダメ」といわれても、「なにがムダづかいになるんだろう？」と思う人もいるでしょう。たとえば1回100円のクレーンゲームを、景品がとれなくて10回もやってしまったとき、どんな気持ちになるでしょうか。ゲームをやっているときは楽しいかもしれませんが、1000円あればほかのものが買えたかも……と思いますよね。限りあるおこづかいを、なににどれくらい使いたいのか、想像することが大切です。計画を立ててから使うようにすると、ムダづかいにはなりません。

貯金について

ほしいものがあるけど、お金がない

お金を少しずつ「貯金」すれば、高いものも買えるようになる

ほしいものがあっても、「高くて買えない！」なんてことがありますよね。そんなときには、前もって「これがほしいから、いつまでに何円ためよう」と決めて、「貯金」しておくことが大切です。

もらったお金をすぐ使ってしまうなら、家の人や銀行に預けておくのもいいですね。毎月100円を預ければ、1年間で1200円にもなります。コツコツ続けることが大切です。

貯金の習慣をつけておくと、「気づいたらお金がなくなっていた……」なんてことがなくなります。

[ほしいものがあるときは]

30ページを見て
おこづかい帳を
つけてみよう

計画を立てよう

お金の管理をしよう

困ったら家の人に相談しよう

ほしいものの値段が高くても、「計画を立てて少しずつお金をためる」「お金の管理をしてムダづかいを減らす」「もっと安い商品がないかを調べる」など、買うためにできることはたくさんあります。お金を使ってしまいそうで心配なときは、家の人に相談しましょう。お金を管理する練習は、みんなの将来の役に立ちます。

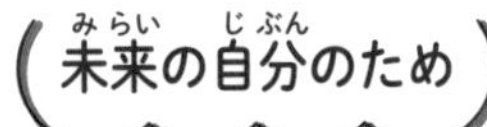

今ほしいものがないときは、どうする？

お金を使いたくなるときまで大切に残しておこう！

「ほしいものがあるけどお金が足りない」のではなく、「今ほしいものがない」人もいるかもしれません。

今、特にほしいものがないときは、無理に使わずに、いつか使いたくなったときのために大切に取っておきましょう。そんなときにも貯金しておくことは役に立ちます。

大きくなったら、自分で洋服を買ったり、友だちと遠くに遊びに行ったり、いろいろなことにお金を使うようになります。未来の自分のためと思えば貯金も楽しくなりますね。

コラム

「ニーズ」と「ウォンツ」って？

ニーズは英語で「必要」という意味で、生きるために必要な食べ物や家、服などのことです。ウォンツは「ほしい」という意味で、なくても生きていけるけど、あると幸せになるもののことです。ニーズがあれば生活には困りませんが、好きなアイドルのグッズやゲームなど、幸せを感じられるウォンツがあると、毎日が豊かになりますね。今ほしいものがないのは、毎日の必要なものを家の人が用意してくれているからかもしれません。戦争やまずしさが原因で、ニーズとウォンツが同じという人も世界にはたくさんいます。

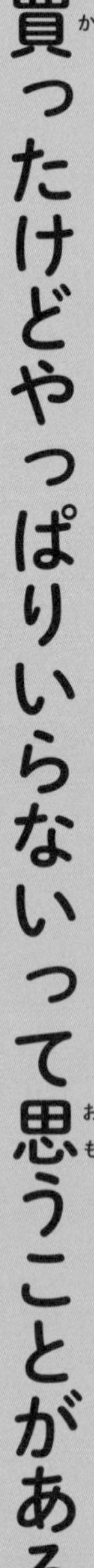

買って後悔！

買ったけどやっぱりいらないって思うことがある

自分の気持ちをおさえて計画的にお金を使おう

買うつもりがないのに、ついつい買ってしまう衝動買い。

手元にお金がなくてもクレジットカード（42ページ）で買えたり、夜おそくてもお店がしまっている時間でもネットショッピングができたり、つい買ってしまうしかけがころがっています。

また、お店側も、「期間限定」や「キャンペーン」など、買わないと損をするような気持ちにさせる売り文句を使っています。

自分の気持ちをおさえて計画的にお金を使うことが大切です。

［ 買って後悔しないためには？ ］

先に予算を決めておく

1000
500
予算
¥

どんなものがほしいかイメージする

ほかに買いたいものがないか考える

節約って?

節約ってどんなこと?

節約はムダをなくしてお金や時間を大切にすること！

ただお金を使わないようにすることが節約ではありません。節約とは、ムダをなくすことです。

あとからいらなくならないかをよく考えて買ったり、モノを大切にして買いかえる回数を減らしたりすることが、節約につながります。

たとえば、毎週買うおかしを100円から50円にしたら、1年で2600円節約できます。1年後、この2600円でほしいものが買えるかもしれません。

このように、節約することは未来の自分の役に立ちます。

コラム

SDGsが節約につながるってどういうこと？

「SDGs」という言葉を知っていますか？「持続可能な開発目標（Sustainable Development Goals）」の略で、私たちがこの地球でくらし続けていくための目標のことです。世界中が協力して2030年までに達成すべきとされています。SDGsは17個の目標に分けられています。12番目の目標は「つくる責任・つかう責任」。必要以上に作ったり、使わないものを買ったりすることをやめると、それを作るための材料の節約にもなりますね。私たちがムダづかいをやめることが、SDGsの目標達成につながることもあるのです。

買い物で地球にいいことができる？

環境を考えて作られた商品を選ぶ買い方があるよ

買い物とは、ただほしいものを買うだけではありません。それがどうやって作られた商品なのかを考えて選ぶこともできます。

モノによっては、商品を作るときに資源をたくさん使い、自然を壊していることがあります。逆に、環境への悪い影響をできるだけ減らすようによく考えて作られた商品もあります。

買い物をするときは、ほしい商品がどう作られているか、考えてみましょう。「環境を考えて買い物ができる」と、とてもかっこいいですね。

[環境にやさしいお金の使い方って？]

マイバッグを活用する

食事を残さず食べる

環境のことを考えた商品を選ぶ

消費期限の近いものを選ぶ

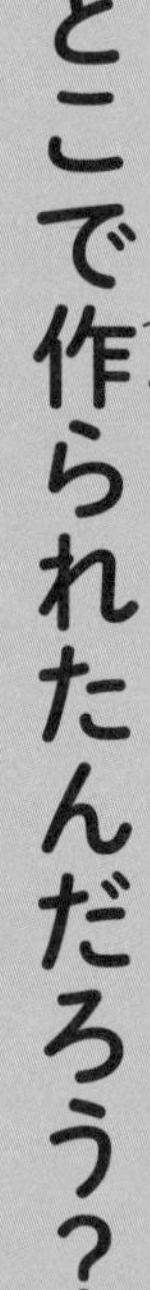

モノの選び方②
どこで作られたんだろう？

じもとや
このお店は地元のものがたくさん並んでるね！
地産地消

新鮮でおいしいのに安い気がする
なんで？

遠くから運んでくるとガソリン代がかかるけど、
近くならガソリン代を節約できて、環境にもやさしいのよ
近〜い
だから安いの！

裏の畑でイモほりもやってるよ！
これ以上新鮮なことはないね！
やる—！

自分の住んでいるところを応援することもできる

モノを選ぶとき、その商品がどこで作られたかを考えることも大切です。自分の住んでいるところの近くで作られた商品を買えば、運ぶためのお金が安くすみます。

また、その土地の特徴を生かした「特産品」を買うと、そこで働く人にお金が入り、地域が元気になります。このように、地元で作ったものを地元で買って消費することを「地産地消」といいます。自分が住む地域など、その土地ならではの産業や商品を大切にしたいですね。

[地産地消って……？]

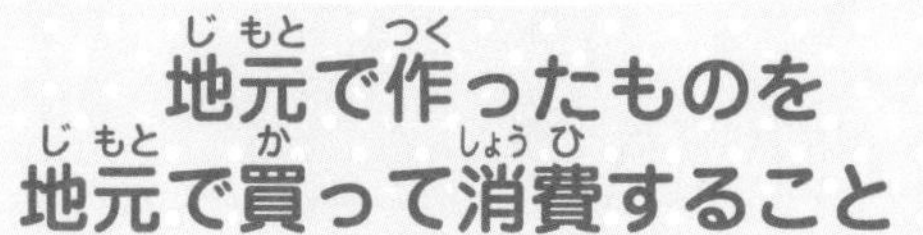

お金の貸し借り
仲のいい友だちでもお金を貸しちゃダメ？

お財布忘れてきちゃった！
絶対に返すからちょっと貸して！
だがしや

絶対に返してくれるならいいか……
まてよ そういや ママがいつも……

お金の貸し借りは絶対にダメ
NO!

ごめんね、お金は貸せない でも おかしを いっしょに 食べよう
ありがとうー

お金の貸し借りはトラブルのもと 貸すのも借りるのも絶対にやめよう

友だちと遊んでいて、「お金貸して」と言われたらどうしますか？　仲のいい友だちなら貸してもいいかなと思うかもしれません。でも、そもそもみんなが持っているのは、家の人がみんなのために一生懸命かせいだお金です。

お金を貸すと、返してくれるか心配になったり、「返して」と言いづらかったり、いやな気持ちになることが多いもの。大人でも、お金の貸し借りがきっかけで友だちを失うことがあるくらい、難しい問題です。「家の人からダメと言われている」ときっぱり断りましょう。

［ お金の貸し借りをすると… ］

借りたお金を返さないと、ほかの友だちに言いふらされてしまうかもしれない

「お金の使い方や管理する力」が身につかなくなってしまう

友だちとの関係にヒビが入ってしまうことがある

お金の貸し借りはとっても難しい問題。返してもらえなかったり、逆に返さなかったりすると、自分も友だちもいやな気持ちになってしまうよ。

投資について

どうしたらお金が増えるの？

お金を増やすことも減らすこともある「投資」

お金はコツコツためるだけでなく、「投資」をして増やすこともできます。「投資」とは、もうけるために「将来成長しそうだな」と思うものに先にお金をかけることです。成長すると、最初にかけたお金より、多くのお金が返ってくることがあります。でも、成長しないと最初にかけたお金は返ってきません。大きく損することもあります。

株（96ページ）も投資のひとつです。未来を想像して、成長しそうな会社の株を買い、その成長によってもらえるお金が変わります。

［ 貯金・預金と投資をくらべてみよう ］

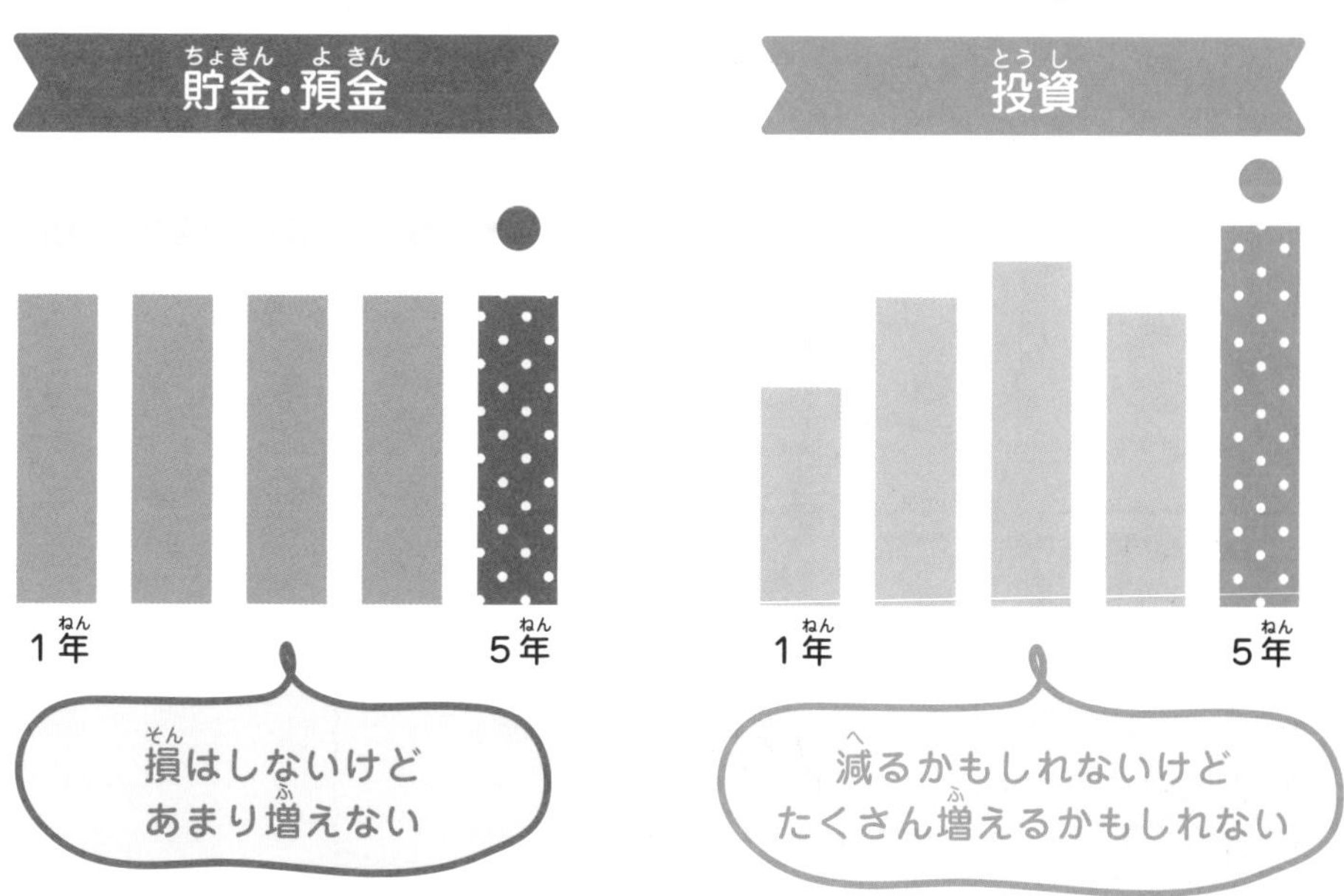

すぐに使わないお金は、主に「貯金・預金」か「投資」をすることができます。貯金や預金をしておくと、減ることはありませんが、たくさん増やすこともできません。反対に投資は、大きく増えることもありますが、減ることもあります。

人への投資

私
ピアノ習ってる
ミュージシャンに
なりたいの

オレ
水泳!
海で泳げる
ように

習字やってる
字がきれいって
ほめられるよ

そろばん
やってる〜
暗算速いよ

ダンス
はじめたよ、
運動になって
楽しいよ!

みんなスゴイ!

へぇ
習い事……
将来のために
いいかもね

いつか
役立つかも
しれないし

未来の自分のために お金を使うことも大事だよ！

モノを買うだけがお金の使い道ではありません。「未来のために使うこと」も大事なお金の使い方です。

みなさんは習い事をしていますか？　サッカーやダンス、英会話など、楽しそうな習い事がいっぱいありますね。習い事をすればその技術や知識が身につき、それがやがて将来の仕事につながるかもしれません。

このように、今すぐ役に立つものではなくても、夢・未来に対してお金や時間を使うこともできるのです。未来の自分への「投資」といえますね。

［ 未来のためにお金や時間を使うこと ］

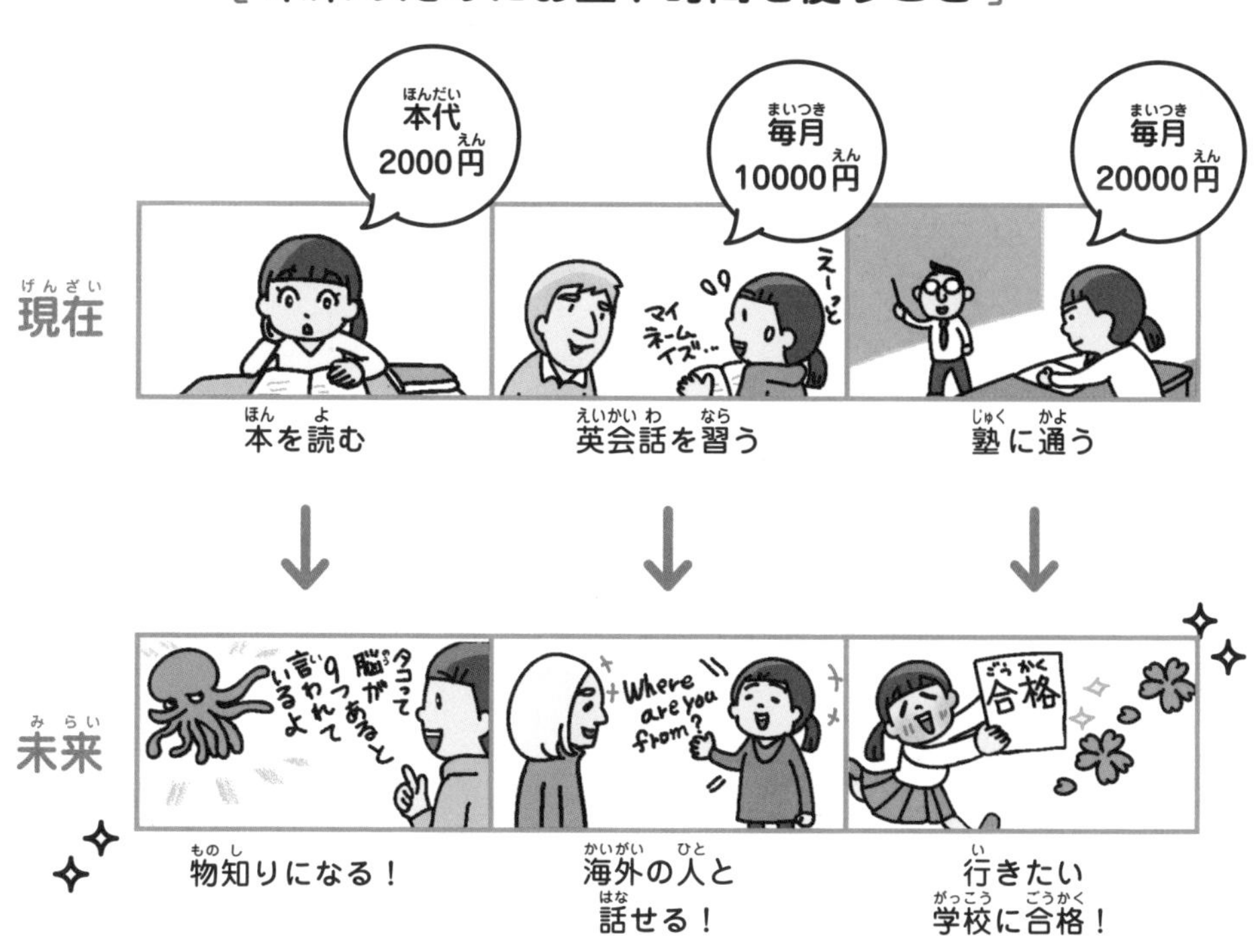

フリマのしくみ

いらないものでもお金になる？

いらないと思ったものでも、売れるかも？

着られなくなった洋服やマンガなど、もう必要ないけれど捨てられないものって家の中にいろいろありますね。「だれかほしい人いないかな？」と思ったことがあるかもしれません。

自分はもう使わないものを、必要な人に再利用してもらうために活用したいのが、フリマアプリやリサイクルショップです。売る人はただ捨てるよりお金になり、買う人は新品より安く買えて、両方にうれしいですね。

でも、18歳以下の場合、売るときには保護者の同意が必要です。

［何円で売れるの？］

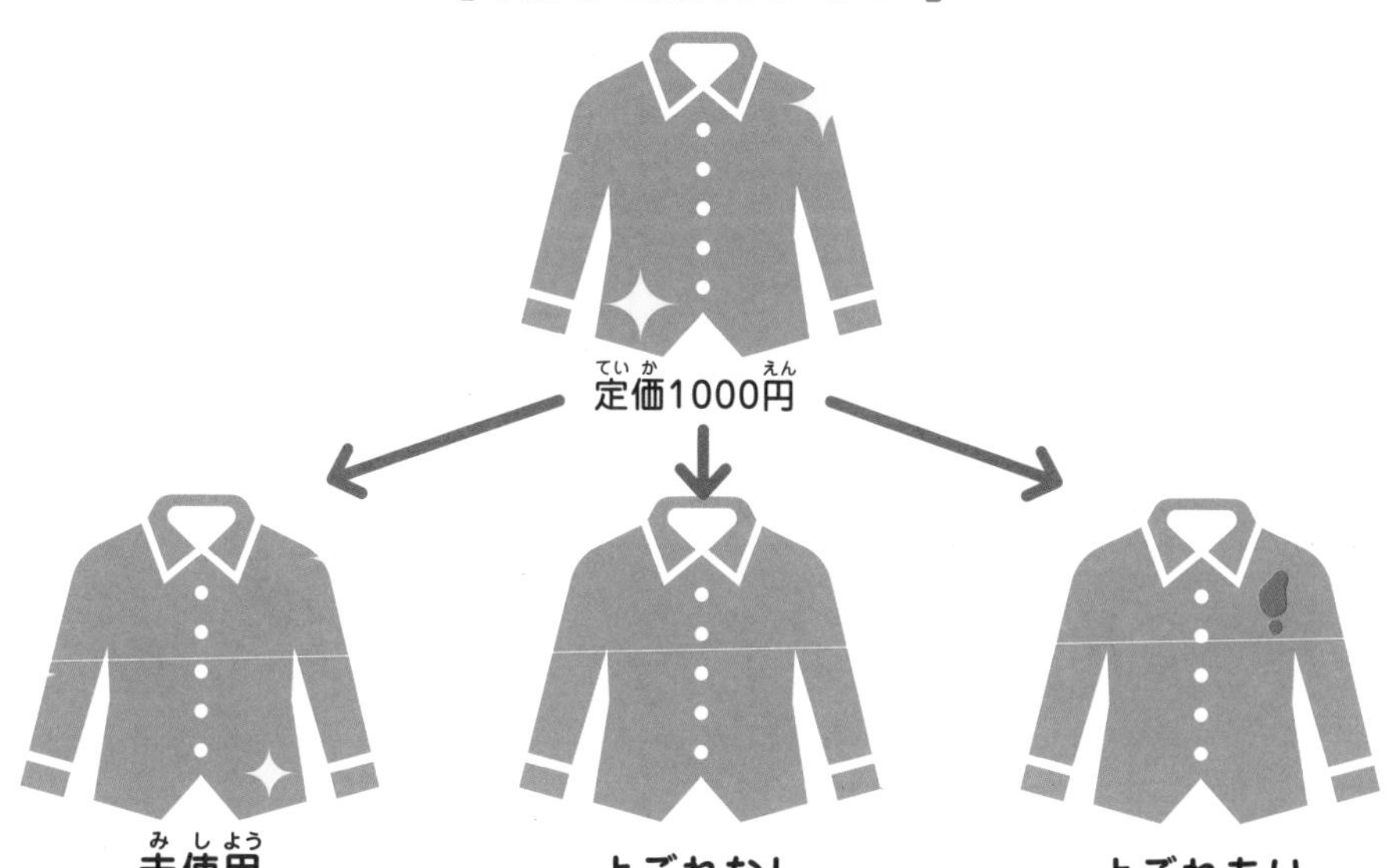

「もういらない」と思ったものでも、フリマアプリやリサイクルショップを使って売ると、お金になることがあります。売りたいものの状態によって、売れる値段が変わります。きれいな状態の方が、新品に近い値段で売れることが多いです。

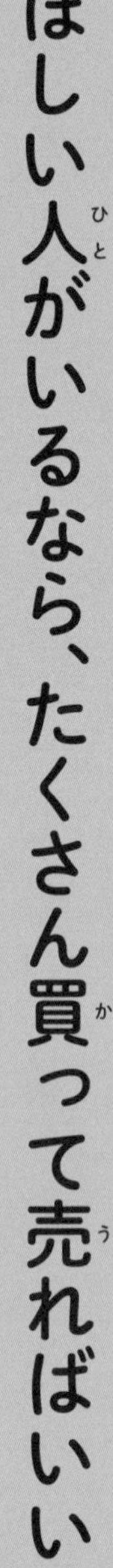

ずっと楽しみにしてた
ゲームソフトが
どこにも売ってないよ！
品切れ

転売屋が
買い占めちゃったの
かな
高い値段で
ネットに
出てるよ
なにそれ！
納得いかない！

その後
メーカー
大量に
追加生産！
入荷
やった♪
お店で
たくさん売られるように
なった！

転売屋
ぐぬぬぬぬ
どっさり
在庫が
さばけないよ〜

人気商品を買い占めて売る「高額転売」は犯罪になることも

「転売」とは、自分が買ったものをほかの人に売ることです。人気商品を買い占めておき、ほしい人に高額で売ることを「高額転売」といいます。

人気のあるスニーカーやゲームソフトなどの商品は、ほしい人がたくさんいて定価より高い値段でも売れます。それを予想して、たくさん買って転売でお金をかせごうとする人がいます。でも、本来定価で買えたはずの人が買えなくなってしまいますね。

ライブのチケットなどの高額転売は犯罪にもなり、やってはいけません。

[転売するとどうなる……？]

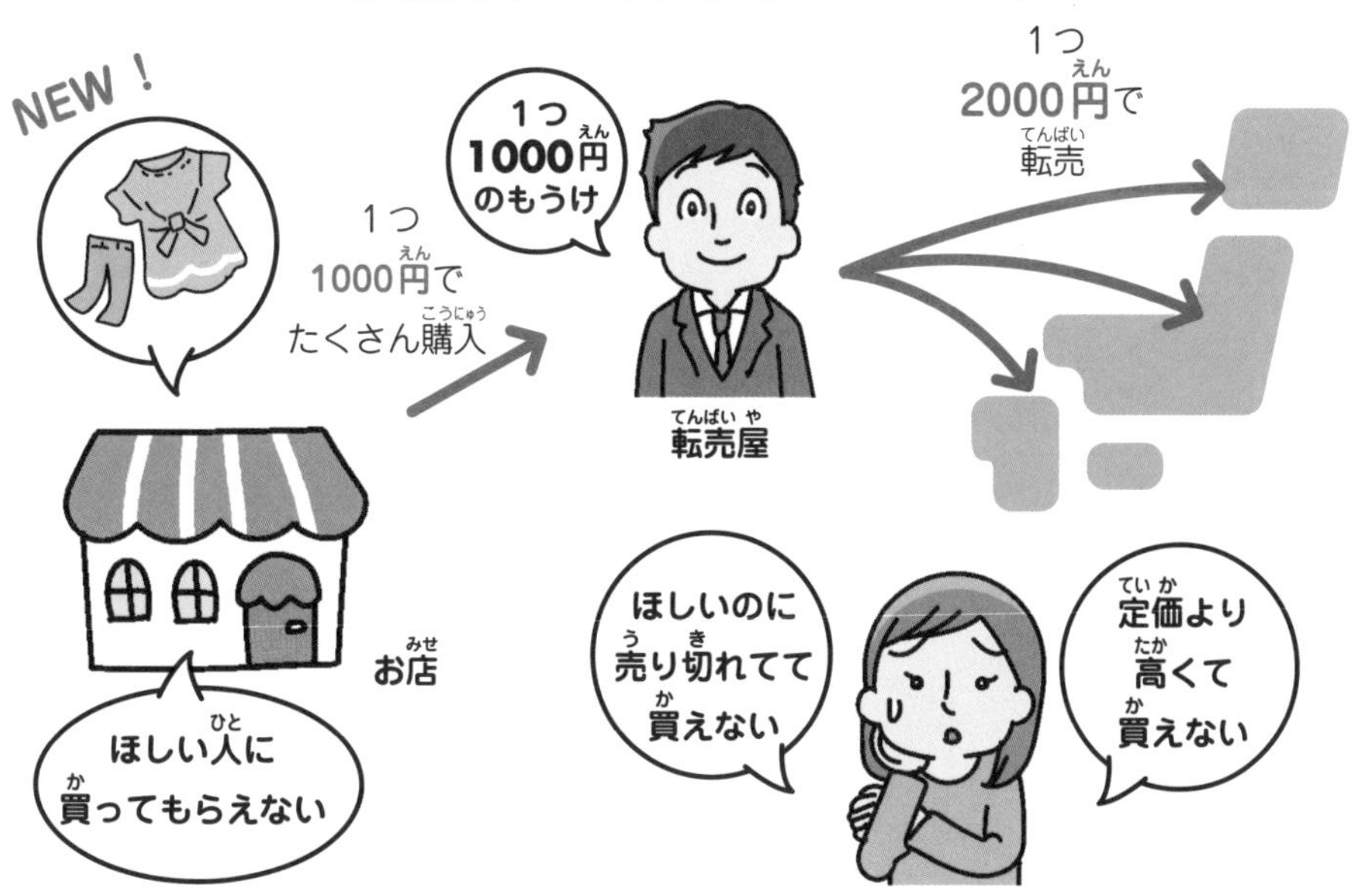

転売すると、本来定価で買えたはずの人が買えなくなります。でも、転売されているものを買う人がいるから転売がなくならないともいえます。転売することはもちろん、転売されているものを買うことも、やめましょう。

お金を使うこと

お金を使うのがもったいない！

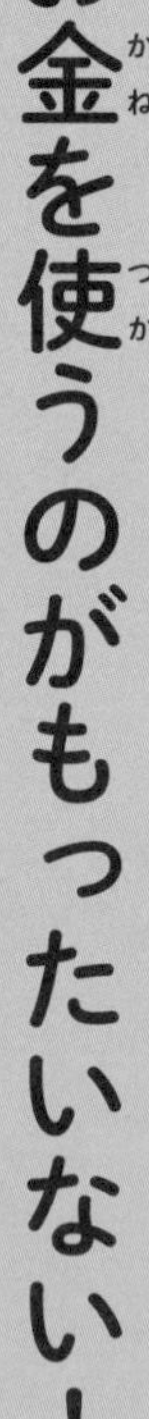

社会が元気になるためにもお金を使うことは大切！

お金が私たちの生活にどんなに深く関わっているかを学んできました。でもやっぱりお金を使うのはもったいない！と思う人もいるかもしれません。

お金をまったく使わなければ会社がもうからなくなり、働く人のお給料が減って、それでまたお金を使わなくなってしまいます。反対に、みんながお金を使うと、会社がもうかって社会全体が元気になります。お金を使うことは決して悪いことではなく、自分や社会を幸せにするためにとても大切なこと。お金を上手に使うことが重要なのです。

［お金は社会を回っている！］

お金を使うと、お店や会社がもうかります。お店や会社がもうかると、そこで働く人たちのお給料が上がります。お給料が上がると、その人たちがまたお金を使います。このように、お金は社会をぐるぐる回っているのです。

今日からみんなもお金マスター！

あらーー！
安い！
これなんて
いいんじゃない？
買っちゃおうか？
ファッション
たしかに安いけど、
お母さん
パジャマはもう
お気に入りがあるし
場所もとるでしょ
安いからって
いらないものを買って
失敗するのは
もうやめようよ
たじ…
う……
どうしたの
このみ……
急に成長
しちゃって
成長といえば、
上ばきがもう
小さくなったから
新しいのが
ほしいかも
上ばきは
たくさんはくし、
じょうぶなのが
ほしいな
シューズコーナー
買ってくれて
ありがとう！
気に入ったー
大事に
使うね！
……
これからは
お母さんも
このみを見習って
お金の使い方、
気をつけるね

父さん
母さん
いつも
働いて
かせいでくれて
ありがとう
どうしたの
急に
なんだい
改まって
ぼくたち子どもを
育てるということは、
たくさんお金がかかると
いうことですから
感謝せずには
いられません
くぅっ
親なんだから
当たり前
だろう
お母さんは
働いてないしね〜
いいえ！
家事も育児も
立派な労働です
よそ様にたのめば
これもお金の
かかること
お金という
便利な道具が
それらをつないで
いるのです
500
10000
100

助けてほしい人が お金を払って 助けてもらう
ほしい人に ほしいものが 届くように お金でものを 交換する
社会がうまく 回るために、 お金が使われて いるのです
10000
1000
ぼくらは それを 学びました
将来はきっと たくさんの人を 助けて、 お金も かせいで
父さん 母さんを 世界旅行に 連れて 行きますよ!
楽しみ だわー!
ハハハハ 健康で長生き しないとな!
アハハ
ワハハ
お金は 正しく使えば 心強い 味方になるワン!
さあ みんなもいっしょに お金マスターに なるワンよ!
金
500
100

おわりに

おうちの方へ

今の子どもたちは、豊かな物に囲まれて何不自由なく育っており、「落とし物をしても取りにこない」「物を大切にしない」「毎月おこづかいをもらうけど、労働の尊さや厳しさがわからない」などといわれています。

そして今は、買い物をするときに、いくら払ったかを意識しなくてすむ時代。お金のありがたみを感じる機会が奪われています。

これからもっとキャッシュレスが普及し、お金のあり方が変わることになりそうです。

「お金のことは口にするな」。これは〝日本的な文化〟のひとつで、いまだにこのような風習が根強く残っています。

しかし、世界中の人たちと競争せざるを得なくなると、日本だけがこうした特異な制度を維持し続けるわけにはいきません。

金融・経済のしくみを理解することは、今の社会を、そして世界を読み解くためには欠かせません。

お子さまが独り立ちするころには、キャッシュレス社会が実現しているでしょうし、ほとんどの商品が通販（eコマース）で手に入るようになるでしょう。

そんな時代を生きる子どもたちは、ネットの楽しさを味わいながら、欠点であるリスクを回避するための知恵を身につけた「賢い」消費者でなければなりません。金融・経済に関する基礎的知識は、子どもたちが賢く生き抜くために必要不可欠です。

学校では教えてくれない「お金の教育」に、身近な生活の中からお子さまと向き合ってみませんか。お金の価値と怖さを身につけ、そして学ぶきっかけとして、本書を役立ててくだされば嬉しいです。

泉　美智子

監修者

泉美智子　いずみ みちこ

子どもの環境・経済教育研究室代表。ファイナンシャル・プランナー。公立鳥取環境大学経営学部准教授(2018年3月まで)。全国各地で「女性のためのコーヒータイムの経済学」や「エシカル・キッズ・ラボ」「親子経済教室」など講演活動の傍ら、テレビ・ラジオにも出演。環境、経済絵本、児童書の執筆多数。主な著書に『調べてみようお金の動き』(岩波書店)、『15歳からの経済入門』(日本経済新聞出版社)、監修に『今さら聞けないお金の超基本』(朝日新聞出版)などがある。

社会がよくわかる

みのまわりのおかねのこと

監修者　泉　美智子
発行者　高橋秀雄
発行所　**株式会社 高橋書店**
〒170-6014 東京都豊島区東池袋3-1-1 サンシャイン60 14階
電話　03-5957-7103

ISBN978-4-471-10452-8